退休後

我會去找你

葉雅馨——總編輯

目錄

退休後，我會去找你

出版序—**啟程了，就不遲！**／張博雅 4

合作出版序—**從容淡定，微笑前行**／賴進祥 7

編輯後記—**好玩的魔力**／葉雅馨 140

1 更替不停的人生舞台

1／1 追夢與奉獻的人生 12

1／2 一路探索與前進的人生 18

1／3 享受退而不休的人生 25

1／4 勇於嘗試的豁達人生 32

2 退休新啟程

2／1 雖失能卻樂享癒後的退休人生 42

2／2 由家庭主婦到自信冒險家 49

2/3 從教室到廚房的活力生活 56
2/4 積極「給愛」與「學習」的人生 64

3 退休壓力陣痛期的應對

3/1 透視退休的壓力和挑戰 74
3/2 覺察與接納退休歷程的變化 81
3/3 退休後的身心挑戰，因人而異 88
3/4 退休六期程—協助退休者度過情緒風暴 95

4 退休生活的探索

4/1 你準備好退休了嗎？ 106
4/2 拿回退休生活的自主權 115
4/3 培養自己的退休復原力 124
4/4 「共享決策」模式，重建退休後關係的起點 132

出版序一 啟程了，就不遲！

文／**張博雅**（董氏基金會董事長）

「安享晚年」—安安穩穩地享受晚年的幸福生活，是許多人退休後及邁入老年後，對生活的美好期待、對樂齡生活的追求。但是，什麼才是「安享晚年」？退休後，擁有大把時間、有錢財、有家庭子女⋯，就一定能夠安享晚年嗎？我想，這些固然是因素，但是，有更多元素要被考慮及培養。在這個不用受困於工作勞煩的階段，自由選擇自己喜歡的生活方式，培養興趣愛好，維持健康，保持社會互動等等，都是能夠「安享晚年」的選項。

現在的台灣已是高齡社會，國發會推估台灣在2025年會邁入超高齡社會，這是一個無法逆轉的趨勢。政府部門及許多民間團體已經針對高齡議題持續進行相關服務，我們董氏基金會自2016年才開始推廣，聚焦於老年心理健康促進及老年憂鬱防治，雖然起步較晚，持續的推廣與教育工作，亦累積了豐富的資源，提供給民衆應用及協助其建立樂齡生活，獲得了許多民衆的支持與肯定。

很多人明白準備退休的重要性和必要性，但是可能因為覺得年紀還輕，或是已經年邁，而認為改變困難，就沒有著手準備，或是沒有想要改變。然而，年齡的增長並不等於生活的停滯。就像董氏基金會開展老年憂鬱防治與心理健康工作的歷程，儘管起步較晚，只要開始，就能夠逐漸累積支持和成果。準備退休，想要擁有豁達的退休生活，也是一樣的。

寶佳公益慈善基金會與我們合作出版《退休後，我會去找你》一書，透過多位名人及素人朋友對自身退休歷程的分享，還有專家說明退休會面臨的挑戰、因應退休過程的建議，介紹關於退休會經歷的期程、情緒變化，澄清對退休的迷思，希望幫助讀者們更了解如何在身心層面為退休做好準備，建立對自己有意義的生活節奏。

擁有豁達、自在的退休生活，並非遙不可及的夢想，不論你現在幾歲，都一定要有規律的運動及生活作息，讓自己保有身心健康，並且維持社交網絡。同時，可以重新思考自己想過怎麼樣的退休生活，探索自己的興趣和熱愛的事物，開始投入其中！

無論我們從哪裡出發，只要願意踏出第一步，就能夠為自己的晚年生活創造更多可能性，永遠不會太遲。

合作出版序一　從容淡定，微笑前行

文／**賴進祥**（寶佳公益慈善基金會董事長）

為協助台中看守所學員，面對現實重新出發，我們的基金會特別贊助經費，在其所內開辦「受刑人手機維修技能訓練班」，讓他們能藉由這樣的訓練班，習得一技之長，以便回歸社會，順利找到工作，營造美滿生活。

107年8月31日，在該所葉碧仁所長的主持下，隆重舉行開訓典禮，致詞的時候，我對學員說：

「世界杯足球賽，是體壇的盛事，全球至少會有三十二億人口，透過電視轉播，觀看此項球賽。

世界杯足球賽，所以精彩好看，是在激烈的比賽中，有許多的假摔、誤判、暴動、裸奔，也有少數天才球員，把球踢進自己球門，更有一些偉大球員，因為犯規受到黃牌警告，甚至拿到紅牌被趕出場。

這些都是構成世界杯足球賽最精彩的片段，缺少了上開的精彩片段，世足賽就沒有什麼好看。

值得一提的是，那些偉大球員，並不因為各該事件，而影響到球迷對他們的評價，他們依舊活的精彩，受到衆多球迷愛戴。

其實人生，也是一樣，在成長過程中誤觸法網，好像在足球場領到黃牌，不必在意，不要洩氣，重新出發，才最重要。」

以上我的這些期勉，亦適用於退休人員，大家正走向人生的暮年，我們應該學習接納自己那些不完美的過去，以及我們眼前所擁有的一切，在孤獨的時候給自己安慰，在寂寞的時候給自己溫暖，保持一顆寧靜的心，去留無礙，寵辱不驚，從容淡定，微笑前行！

1

更替不停的人生舞台

「退休」不代表「廢」，
多方面去嘗試和探索，
依然能用不同的方式，
繼續奉獻自己的才能和經驗。

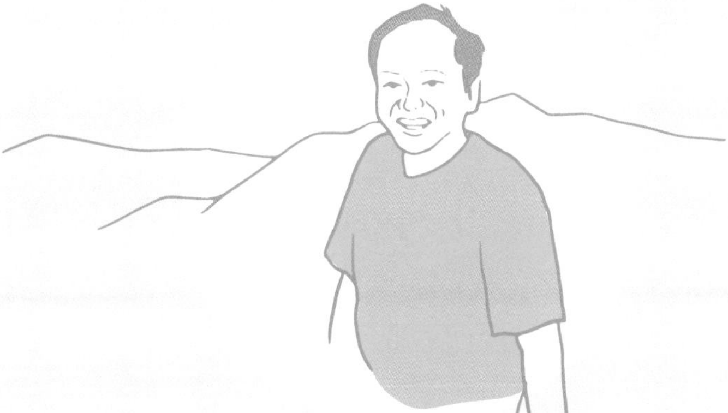

1/1

追夢與奉獻的人生

受訪／陳永興（《民報》創辦人）
文／鄭碧君

退休前總共換過十三份工作的他認為，退休只是換個工作或角色而已。他沒有停歇地「做自己本來想做而不能做，或覺得有意義卻還沒有實現的事情。」

「退休並不代表從此不能再貢獻自己的才能與經驗，你還是可以繼續工作，用不同的方式做出奉獻，當中的差異只在於職務或角色的轉換。」陳永興除了是一名精神科醫師，也是社會工作者與人權工作者，亦曾踏入政治圈，更在一般人咸認大可享清福的65歲時，創立網路媒體《民報》。至邁入古稀之年，他仍保持活躍並規劃、實踐下一個目標，同時鼓勵大家退休後要積極參與社會，一圓年輕時的夢想。

退休隔日開辦報紙，實現學生時期未竟之夢

完成兩屆共六年的天主教羅東聖母醫院院長任期之後，陳永興自認已達成募款興建老人醫療大樓的目標，應把職務交給年輕的醫師接棒，遂選擇在65歲時退休。但是，他的腳步卻從未停下，退休隔天便在其創辦的《民報》裡開始了全職且不支薪的工作。

「還沒退休以前我就在想，退休以後還能做什麼，後來想到學生時代曾夢想過要自己辦報。」

陳永興就讀高雄醫學院（高雄醫學大學前身）時，是人民言論與出版皆受到限制的戒嚴時期，當時對文學有興趣也喜歡寫作的他，因在學生刊物上發表沒送審的文章而惹出禍端，被記了兩大過兩小過，因而萌生「假如有一天，我能辦報紙，那該有多好」的念頭。

所以，在正式卸下院長之職前，他已展開辦報的籌備工作，一步步從無到有，除了籌措資金、聘請記者和編輯之外，2014年退休時還無縫接軌至報社工作，每天自己看稿、約稿。

「我比員工還認眞耶！每天都比其他人早進辦公室，忙到下班才回家。雖然辦網路報紙沒有收入，只有支出，是賠錢生意，但是我眞覺得樂在其中！」

在經營《民報》的同時，另一個不在陳永興原本規劃內的工作也找上門。當時門諾醫院機構總執行長黃勝雄先生因為要回美國，於是央請陳永興協助接掌門諾基金會，擔任董事長一職。由於先前曾任花蓮縣立法委員的淵源，也懷抱著為偏遠地區年長者盡一份心力的熱忱，他爽快的扛下任務，發揮募款能力，以便門諾基金會能順利推動長期一直在做的社區老人照護服務。

退休是自我實現的絕佳機會

陳永興認為，年滿65歲退休，是國家於制度上所做的客觀設計，讓中高齡者在工作數十年已對社會做出相當貢獻後，能進行世代傳承、職務交替的一種社會機制。但對他來說，人生並沒有真正的退休，不過是工作或角色上的轉換而已。

「工作是一輩子的事，在各個階段，總會有不同的工作能讓你去做，或有其他角色需要你去扮演。」

不一樣的是，退休後的日子不再背負賺錢養家，或事業非得闖出一番成績的包袱，因此可以選擇壓力指數較低，或是責任較輕的工作，**但應該是個人能從中得到樂趣，也可以幫助到他人的工作類型，或者尋求能讓自己開心的學習**

機會，例如從事創作、帶領讀書會等。

退休前的三十年裡，陳永興總共換過十三份工作，包括精神科主治醫師、立法委員、國大代表、衛生局局長、醫院院長，還會任教於多所大學。或許是有感而發，他說，人們在出社會之後的數十年間，往往擔負了許多來自家庭、社會和職場的責任，個人潛力未必能獲得很好的發揮。但退休後，孩子長大了，負擔小了，也有了穩固的經濟，此時就應當自由自在、隨心所欲，嘗試去實踐自己的夢想或理想，並思考如何讓生活的精神、文化層面更加豐富。

「做你本來想做而不能做，或覺得有意義卻還沒有實現的事情。」

提及退休後的生活和過去職涯生活的差別，陳永興表示，自己的作息變得更規律，培養了早睡早起與堅持每天散步運動的習慣，最近也計劃展開重量訓練，並強調此階段最重要的一件事，就是照顧好自己的身體健康。另外，退休後因時間較為寬裕，心情不一樣，能夠參與旅遊的頻率也變高了。

「以前沒那麼自由，有人邀約實在很難走得開，現在時間完全屬於自己，說走就走。」

如今的他反而常常跟朋友笑談，上帝讓你來地球走一遭，如果這一生沒去二、三十個國家走走，未免也太不盡責。

為了替台灣人民和社會弱勢發聲，陳永興傾注心力，在辦報路上走了八年。雖然身上仍流有勇於接受挑戰的血液，但他也體認到「**隨著年紀的增長，必須根據狀態再做調整**」，加上想念故鄉高雄溫暖的陽光，他於是將報紙交給年輕世代繼續努力，回到老家。

但就算如此，他也沒打算悠閒度日、坐享清福，早早便號召二十多位長期以來關心台灣醫療發展的醫生們，於高雄成立一間台灣醫療博物館。他神采奕奕、滿懷熱忱地細述，未來館內不僅會完整呈現台灣現代醫療發展的歷史，供大眾參觀，也規劃了會議室和展覽室等空間，讓醫界人士能在此舉辦攝影展、畫展、小型的音樂會等，那會是一個匯聚醫學、人文、藝術、文化活動的場域。

其實，這也是陳永興過去曾短暫實現，後來卻被斬斷的夢想之一。二十年前出任高雄市政府衛生局局長期間，他即曾在愛河畔籌建台灣首座醫療史料文物中心，可惜市長換人後即結束運作，走入歷史。

始終在工作中對人的精神面向予以關注，並期盼能提升整體社會文化內涵和品質的他表示，「既然公家不能做，就由我們民間來做，說不定還能走得比較久遠。」還說身邊有一位醫生朋友好奇問他，都坐七望八的年紀了，還要這樣做到什麼時候？他規劃也許再做十年，如果未來有年輕醫生願意承接便交出去；如果沒有、自己也做不動了，「就自然而然結束，沒有什麼好擔心的。我的醫生朋友有些還在看病人呢！我不看診，但可以做這些能得到快樂的事情呀！」

60歲受洗成為基督徒的陳永興，在訪談中不時談到基督信仰的工作觀，並說自己最嚮往像英國女王伊麗莎白二世那樣，直到辭世前一天都還在工作。

「只要上帝讓你還活著，給你一口氣和健康的身體，就應當繼續奉獻，回饋社會或是周遭的人。能夠一直做到倒下去為止，那是最幸福的了！」

1/2

一路探索與前進的人生

受訪／王培仁（料理網紅）
文／黃苡安

國中美術老師退休的她認為，無事可做等於放棄人生。退休後，她持續做自己喜歡的事情，雖然實踐過程中和想像有落差，但是只要踏出第一步，就能一路修正，一路前進。

「『生命不熄，戰鬥不止』是我退休後的生活信念。」很早就開始規劃自己的第二人生，現今是料理網紅的王培仁老師如此說。

2020年新冠疫情爆發，民眾宅在家防疫，自煮三餐，對食譜菜單需求殷切，一支在YouTube的老奶奶教做蔥油餅影片，突獲網友青睞，在社群被瘋傳，創下逾687萬觀看次數，70歲的王培仁也意外走紅。

王培仁師大美術系畢業後，就到國中教書，喜歡自由的她，在保守的教育體系下日子過得有點悶，加上僅擔任科任老師，沒有帶班，師生關係疏離，而有繪畫才華的孩子，往往又為了升學放棄畫畫，在在都讓她沒有成就感。每天回家後為家人料理晚餐、準備便當，成了她最快樂的事，因此當工作滿二十五年，她立刻申請退休。

廚房就是我的小宇宙

在廚房練功二十多年，除了麵食是承襲媽媽的好手藝外，其他料理王培仁全部無師自通。39歲時受婆婆影響開始茹素，初期因吃入太多加工食品，身體反而變得不健康，促使她花更多心思鑽研蔬食。美術科班出身，懂配色構圖，讓王培仁做起菜來揮灑自如，同樣食材，做給家人吃的，和款待朋友的，常是截然不同的面貌，她認為，如果每次都做一樣的菜，就太沒有樂趣了，不變的是，看見大家津津有味地吃著，她就感到好滿足。

於是她退休後四處去教做菜，推廣「素食也能吃得健康又美味，不是只有青菜豆腐」。但每逢有人問起她的背景，聽到是「美術老師教做菜」，不禁臉冒三條線，王培仁心想，這樣理不直氣不壯也不是辦法，既然缺資歷，那就來開家餐廳吧！

開店及拓展客源隨緣分

但會做菜和開餐廳是兩回事。第一個挑戰老屋翻修，就讓二、三批工班師傅打退堂鼓，好不容易說服了一名老師傅，讓猶如廢墟的老屋重生，下一個難題又來了：沒客人。

王培仁說，自己人脈不廣，又羞於跟老同事開口，害怕被調侃「培仁，妳怎麼那麼愛錢，不好好享清福呢？」她不想一一跟每個人解釋，「我有我的人生目標，我不想閒著嘛！」初期只能靠口耳相傳，慢慢累積客源，經營得有點辛苦，所幸在因緣際會下接受採訪，才知名度漸開。

第一次受訪完全是個意外。當時有作家想介紹全台十五家私廚料理，王培仁的餐廳原本不在名單上，後來作家被其他店家放鴿子，因此才找上王培仁，沒想到報導出來後，王培仁被編排在最醒目位置，因此又吸引來其他媒體。

推廣有滋有味享蔬食

「妳做的菜吃起來一點也不像素食耶！」是王培仁最常收到的回饋。

記得有一回客人帶吃素的媽媽來慶祝母親節，同行的爸爸因為討厭素食，賭氣不肯進門。故事的結局是，爸爸最後不僅吃了王培仁的料理，他很詫異「一點都不像吃素」，飯後還開開心心地跟著家人去爬山。

「希望不喜歡素食的人，吃了我的素食會覺得很開心。」王培仁說，許多人之所以會覺得素食不好吃，是因為放了太多加工食品或添加物，其實只要善用當令、在地食材，適度調味，保留食材的鮮甜，素食也能吃得有滋有味。

餐廳出名後，陸續有人慕名來拜師學藝，其中有個女孩一待就是一年半，「總不能讓人家在我這學不到東西吧？」王培仁遂提議每天創作一道料理，兩人就這樣痛快玩了好一陣子，完成約兩百道菜，女孩後來還遠赴義大利習藝。

王培仁從不缺做菜靈感，卻苦於店租壓力，餐廳經營第十五年，她終於決定歇業。

把媽媽教給我的麵食傳承下去

被女兒戲稱「很不喜歡休息」的王培仁，並沒有因此閒下來，一個多年心願此時蠢蠢欲動，她想拍影片把媽媽教給她的麵食手藝傳承下去，讓喜歡麵食的民眾也能學做。沒想到女兒自告奮勇要幫忙掌鏡，王培仁不敢置信：「那誰來剪接、配音?而且我們沒有設備。」女兒告訴她:「我來!手機就能搞定!」於是母女倆就靠一支手機起家。

王培仁回憶,第一次拍片被女兒唸「表情看起來很痛苦」,她覺得很冤枉,看了看影片發現真的不好看,忍不住問:「我可以不要露臉嗎?」女兒反問:「不露臉誰要看呢?」她只好妥協。然而影片上線後並未引起迴響。

隔年新冠肺炎全球大流行,民眾居家上班上學,自己煮飯,對食譜的需求大增,紛紛上網搜尋簡易的料理方式,王培仁的蔥油餅教學因解說超詳細,尤其蔥油餅一刀切下,那卡滋作響的聲音既療癒又引人食欲,在社群間被大量分享轉傳,短短時間就衝破百萬觀看次數,至今累積逾687萬。讓王培仁摸不著頭緒的是,這股風潮是誰帶起的?也許永遠不會有答案,為此她有所感:**人生很多事無法預料,自有其天時地利,老天會幫助有準備的人。**

會有香港粉絲告訴王培仁,「王老師,謝謝妳,我以前從來不做飯,我是看了妳的影片,才開始下廚的。」王培仁聽了大受感動,「這段話讓我覺得好有意義喔!不像我教書,沒有人說『妳繼續教吧,我是因為妳教了美術,才喜歡畫畫』。」

原本王培仁只是單純想紀念母親,拍完麵食系列就結束,然而粉絲的鼓舞推著她向前走。同時間女兒也將設備升級，添置了燈具、攝影機、錄音機等器材，王培仁則端出自己拿手的宮保杏鮑菇、絲瓜煨麵等家常菜，這些看似平凡的料理，和她過去挖空心思設計的繁複菜色大不相同。她說，餐廳大菜不能天天吃，只有家常菜才百吃不厭。

太廢、太慌的退休生活，她引以為戒

從學校退休後，王培仁的天空更寬闊，她的信念是**「生命不熄，戰鬥不止」，堅持要活一天做一天。**

這股信念其實是受祖父和父親的影響。王培仁的祖父在大陸是縣長，來台後無事可做，50多歲就天天坐在躺椅上，一躺二十年；父親則是退休後沒有主軸地拚命找事做，這兩種退休生活不是太廢，就是太慌，被她引以為戒。

因此，王培仁很早就在思考，退休後的第二人生是什麼模樣？原本以為會是畫國畫，為人母後，她便放下畫筆，原想退休後就重拾畫筆，或是練字，或修行，沒想到最後卻選擇了做菜。她笑說，自己可以站五小時做菜不會累，但畫畫每小時就要起身走動、吃東西。

在她看來，無事可做等於放棄人生，因此**退休前就要培養興趣，找二、三**

個有興趣的事來做，其中一定會有自己最喜歡的；或隨時設定一個小目標，實踐過程可能會發現和想像的有落差，先踏出第一步很重要，再一路修正，一路前進，不要一開始就要求自己一百分，六十分也不錯。

隨時都會啟程的夢想

有件事王培仁永遠不會忘。早年她接待過一名來自高雄的熟齡背包客，這名婦人轉乘各種平價交通工具，客運、火車、免費公車等，沿途住背包客棧、吃最簡單的陽春麵，一路遊玩輾轉到了台北，跟就讀台大的女兒見面，接著到王培仁位於市郊的餐廳用餐，之後繼續前往東部慢遊，用最省錢的方式環島一周後返回高雄。這麼做不是為了省錢，而是在體驗一種生活方式，這讓王培仁好生羨慕。

「599坐火車慢遊台灣」是王培仁很喜歡的臉書社團，許多網友在裡面分享一個人旅行的資訊和心情，她默默記下喜歡的景點、在哪兒上下車、要走多久，「也許明天我就出發了！」

1/3

享受退而不休的人生

受訪／**葉金川**（中華捐血運動協會理事長）
文／**鄭碧君**

自公職退休已二十年，堅信退而不休的他，退休後多方面嘗試與探索新事物，為自己創造了豐富且有感的生活。

「依我來看，沒有所謂退休這個名詞，而是在另一個人生不同的階段，重新安排工作、個人休閒嗜好、家庭等面向的優先性，調整它們在你生活中的比例而已。」前衛生署署長、現任中華捐血運動協會理事長的葉金川說道。

72歲的他，歷經推動全民健保、擔任諸多政府要職，到從事教學與投身公益，即便是罹癌後仍認眞生活，勇於嘗試。

在推動全民健保告一段落後，葉金川便卸除健保局將近二十年的事務官身分，於52歲辦理退休。之後陸續接下台北市副市長、總統府副秘書長、衛生署署長等政務官的階段性任務。其後又到慈濟大學授課、擔任董氏基金會執行長、台北醫學大學講座教授等。自67歲之後，便在民間公益團體「中華捐血運動協會」擔任無給職理事長，至今已六年。

儘管退休後職域的轉換過程順利，但由於變成是自己主動求職的狀況，葉金川坦言：「多少還是會面臨找工作的壓力啦！雖然自覺還算年輕，但總是要找一個和自己恰如其分的工作。」

然而，他說，有別於全民健保籌備及開辦時期，從早上六點忙到晚上十二點，沒日沒夜，以百分之百，甚至百分之一百五十的心力投入，自己自從離開公職後，在工作上，因較無後顧之憂，心情自然相對輕鬆。

「有時也會遇到空窗期，那就當作休息。其實有隨著年齡增加而逐漸減少工作量，所以比較沒有遭遇到退休適應的問題。」他逐步展開逐夢之旅：攻百岳、到國外登山、騎自行車、自助旅行、挑戰高空跳傘……。

歷經淋巴癌症復發，放慢生活節奏

2015年，葉金川在生日前夕被診斷出罹患淋巴癌第二期。經歷四個月的電療和標靶治療後獲得康復。因體會到生命的無常，他更加積極的做自己想做的事，讓生命更繽紛多彩。但五年後，癌症又來敲門了！

他回憶2020年COVID-19疫情爆發之初，自己仍頻繁上電視、接受專訪，對新冠肺炎疫情的處理提出見解；但此時也出現咳嗽不止、容易喘等症狀。四月檢查後證實是淋巴癌復發，而且已來到第四期，癌細胞轉移到肺部、腎臟、腹膜腔、骨髓等處。

「這次確實有點被嚇到了，也預先想好萬一無法恢復健康，或緩解後再發該怎麼辦。」

因此他在進行化療時，於花蓮農舍種下一棵五葉松，做為樹葬地點；也儲存淋巴細胞、幹細胞，以備將來免疫治療或骨髓移植使用；另外，包括遺書、器官捐贈、追思會等事宜都已做了準備。「反正這一天遲早會來，既然都做了預備，那就好好治療，並繼續過我的生活。」

另外，他也向隸屬退輔會的台東農場花蓮分場租下四百坪農地，開始學習農作。

「這是一個比較大的改變，主要是化療期間體力不如以往，有時就連走路都會喘。」因為對運動、爬山這一類活動都造成影響，葉金川選擇透過園藝來維持基本的體能活動。他請專業農夫協助種植，而他只負責澆水、施肥、除草或餵養小雞等較輕度的身體勞動。他笑稱從沒想像或規劃過自己會去種樹、養雞、親手製作剝皮辣椒。

「閩南語有個詞叫『便看』（看情形、看形勢），這些都是因為生病所做的調整。窮則變、變則通嘛！」

雖然現在已恢復約八、九成的體力，也能再去戶外活動或爬山，但葉金川不再像過去那樣從事攀爬大山等高強度的運動。

「會自我節制，不要再去做那些想不開的事！」

他重新調整生活步調，將到台北開會或撰寫專欄文章等「正事」的比例，降低到約一、兩成左右，花在園藝休閒和運動上的時間也差不多，「剩餘時間就是耍廢，自由安排，想到什麼就做什麼。」。

不過，為了刺激幹細胞和T細胞、提升免疫力，葉金川會固定每個禮拜三或四次、每次二、三個小時的爬山，並在能力所及內盡可能增加活動量，像今年一月疫情較緩和，前往紐西蘭漫遊時，他也不忘鍛鍊，一個月下來步行路程長達三百公里。

除了本身罹癌帶來的啟發之外，葉金川說從生活周遭觀察到的現象也讓他特別有所體悟，像是身邊有已年過八旬還在跑馬拉松、活蹦亂跳的山友，但也有六、七十歲就失去行動能力的親友，「這是一個很強的動力，叮嚀自己千萬不可以停下來。」

退休準備要趁早

葉金川也注意到，社會上大多數人，一旦正式退休，往往是從天天上班，突然變成天天沒工作，由100%變成0%的狀態，需面臨的心理調適比較大。當無法快速與退休後的生活做銜接，便會在心理或生理層面上出現適應不良的狀況。

因此，他建議計劃在65歲退休的人，應當及早從心態、行為和生活步調上做些準備。例如50歲起就慢慢改變工作型態，從非常勞力勞心，甚至可能還得熬夜的工作型態，**盡量轉換為「動口不動手」、能夠發揮自我價值與智慧的角色；與此同時，要開始培養興趣、休閒、養生活動與運動習慣等。**就算現在已50、60歲，但先前缺乏規劃的人，當下開始著手建立也不晚。

關於50歲之後的工作類型，他認為最好能從必須一肩挑起重擔的工作，逐步找出自己喜歡、感興趣、能樂在其中的項目，而不再純然為了收入。

「50歲以前理所當然要拚了命工作，但人生就像車子，不能老是用四檔行駛，一直衝刺。有了穩定的財務基礎後，就要漸漸降成三檔、二檔、一檔，或甚至改成騎腳踏車。」

葉金川提醒，**50歲以後的時間格外珍貴，不應再用時間去換錢，而是要花時間去賺到滿足、快樂、成就感。**

「從工作獲得好評價」應該是50歲之前追求的目標，50歲以後就無須再拘泥於他人眼光，要過自己想要、心靈自由的生活。」

多元嘗試，建構豐富的人生下半場

有些人主張可將前半生累積的經驗與能力，用來開創退休後的第二人生。

葉金川表示，能夠運用原本的專長開創新職涯是一種福分，「我有很多同學現在都還在醫院看診、開刀，也有人是因為有不錯的工作環境，就算沒有收入還是繼續工作著。」在行有餘力時，他認為65歲以上的族群仍可投入職場，繼續貢獻生產力，但應避免過度勞累或花費太多時間。

他也鼓勵大家，不一定要侷限在原有的專長或嗜好上，最好多方面嘗試、探索新事物，藉此豐富生活，「說不定會發現自己在其他領域上也能得心應手，甚至做得更好！」

除此之外，透過接觸多樣化活動，還能參與不同團體，認識新朋友，擴展社交圈。葉金川分享他因為從事划船、騎自行車、爬山等活動，而有機會與不同世代、不同類屬的人互動。

人生是永不間斷的旅程，不因退休而停止，退休甚至是可以完整拿回主導權的絕佳時機。如同葉金川在《退休，任性一點又何妨》一書中所說：**「老後不應該只是找事做，把日子、時間填滿而已，而是可以做一些永遠不會忘記的事，做一些特別的事，做一些自己有感的事。」**

1／4

勇於嘗試的豁達人生

受訪／陶傳正（奇哥公司創辦人）
文／黃苡安

他是公司創辦人、演員、專欄作家、也是音樂節目主持人，從人生經驗中領悟，「天上掉下來的機會，先接住它，因為不知道還有沒有下次。」他有勇氣接住許多機會，因而做了很多快樂的事。

被後輩暱稱「陶爸」的奇哥公司創辦人陶傳正，曾背負高達十五億元債務，他原想，這一生若能把債還完就功德圓滿，沒想到，46歲時因演了一齣玩票性質的話劇，被賴聲川導演相中，進入演藝界，三十年來演出過無數戲劇作品，同時主持音樂節目、寫旅遊專欄，入圍三次金鐘獎，現年77歲的他仍活躍於舞台，過著退而不休的生活。

陶傳正的父親陶子厚是聞名的愛國商人，來台後開設許多工廠，生產紡織、麵粉、飼料等民生物資，卻因急速擴張事業而債台高築，然而他解決債務的方法，就是再開新工廠，希望藉此賺錢償債，結果負債如雪球般越滾越大。陶傳正25歲進家族企業準備接班，每天到公司就是忙著調頭寸，苦撐十四年仍無力回天，公司終告跳票破產。

中年落谷底，花十年再爬起

負債十五億元，讓陶傳正嘗盡人情冷暖。有一次，他去彰化見一位素未謀面的原物料業者，協商採打折方式還債，結果對方請他吃了一頓飯，票款很乾脆地打一折；也有位與父親四十年交情的企業家朋友，要陶傳正每周六下午到他家做簡報，最後這個長輩還是把四百萬元支票交給律師，寧願讓律師抽走四成佣金，也不願讓陶傳正慢慢還。

有更多債權人看見陶家父子沒跑路，就沒去銀行軋票，這讓陶傳正有時間去處理父親過去投資的閒置資產來還債。當時台灣一窩蜂興建高爾夫球場，陶子厚曾買過一塊農地，因為經濟價值低一直荒廢著，沒想到高球場正好要那塊地，於是陶傳正有了救命錢，「如果一開始就被退票，資產被清算，就不值錢了。」對於債權人及公司同事的體諒，讓他得以用十年時間逐漸還清債務，他充滿感謝。

出身企業第二代，未曾嘗過少小貧困、白手起家的滋味，卻在中年跌入谷底，可能更是刻骨銘心。

陶傳正回憶，一個難得清閒的周日，他在燒臘店點了一份三寶飯，一個人坐在店內細細地咀嚼著叉燒肉，屋外陽光燦爛，心中突然湧起一股幸福感，想想自己欠了一屁股債，還能坐在這裡，享用著美味的三寶飯，那一刻，他覺得人生還是很美好，「已經掉落到最底層，就不會再下去了。」

演戲是正職，董事長是副業

46歲遇見伯樂，進入演藝界，又是另一個人生轉捩點。

當時陶傳正太太的社團要演話劇，缺男演員，他去客串演一個滿嘴髒話的大老粗，那晚台下觀眾被他罵得很開心。來幫忙排戲的賴聲川看他很放得開，希望邀他演戲，陶傳正自以為俏皮地說：「可以啊！就算演個石頭、路人，都可以！」結果當晚他就睡不著了，想想自己上半輩子都在還債，沒想到還能演戲？他問太太應小萍的意見，太太回他：「隨便你，你愛去就去！」陶傳正哈哈大笑說，這句話可害了她自己。舞台劇排演要三個月，巡迴演出又要花掉三至六個月，演到後來，他乾脆把太太請到公司當新老闆。

這個天上掉下來的機會，陶傳正等了半年才等到，演的是銀行副總裁，第一齣戲就和李立群、鄧安寧等硬底子演員同台，那時公司的債務還沒還完，白天籌錢，晚上排戲，反而讓他得以暫時抽離現實生活的煩惱。而這一演，就再也沒停下來過，他在戲劇中找到自己的天分和快樂。

陶傳正因此領悟到，**「天上掉下來的石頭，接了，可能手斷掉，也可能接著了，卻發現那不是石頭，是鑽石，所以先接再說。人生也是這樣，很多機會，你不伸手永遠沒有機會，伸手有可能成功，有可能失敗，那先伸手接住再說。」**他在家人的支持下，接下了許多機會，做了許多快樂的事。

故事還沒完呢！有一回，他巧遇製作人王偉忠，王偉忠當時正趕著要去簽ASOS姊妹，他一句玩笑話：「那你什麼時候簽我呢？」意外換來主持廣播節目的機會，整整長達十年的時間，陶傳正在空中與聽眾分享自己最愛的六〇至七〇年代經典西洋流行樂，讓他大呼過癮。

交棒給兒子隔日即不進公司

至於奇哥這個自創的嬰幼兒品牌，則是陶傳正退伍後，提著一只皮箱到中南美洲找生意，在巴拿馬認識代理商結下的緣分。

當時陶傳正初為人父，看到國外有專為嬰幼兒設計的產品，既驚又喜，但進口關稅很高，讓他一度猶豫，後來他決定先進口再說，結果非常暢銷，義大利業者才同意給他台灣代理權，還成立亞洲第一家門市。後來品牌代理易主，但中文名稱仍繼續沿用。

父親急速擴張事業所帶來的教訓，養成陶傳正不喜歡競爭、不大肆擴充、穩扎穩打的經營態度。他選擇在70歲那年，將公司交棒給三個孩子，跟自己當年接手父親公司不同之處是，現在公司規模雖不大，但資產是正數，好好做，一定能安安穩穩生活。交棒當天，他臨時把兩個兒子叫進辦公室，交代完誰當董事長，誰當總經理，見孩子們沒有異議，他當場拍板定案，隔天他和太太就沒進辦公室了。

陶傳正感慨，看過太多家族相爭的例子，他坦承自己也是搶父親的棒子，因為父親一直不肯交棒，當公司債權穩定下來，父親又想開新公司，讓他很受不了，在一次父子爭執中，父親嚷著：「你那麼能幹，董事長給你做好了！」陶傳正於是順水推舟把董事長的名字換了，他不希望舊事重演。

償宿願後過想要的生活

回顧這一生，陶傳正慶幸自己在父親過世前四年，幫父親還完所有債務，讓父母得以安享晚年。

現在的他接演講、演戲，還有一個小型基金會，做為扶助劇團、翻轉偏鄉教育之用。對於演戲，他仍有熱情和期待，遇到喜歡的劇本就接，對於兩度失之交臂的金鐘獎最佳男主角，人家說入圍即得獎，他老實招認，「才怪！我還是想要。」

走過風雨，對於身後事，陶傳正看得很豁達，既然到另一個世界去，就不需要任何儀式或墓地，火化後骨灰撒向大海就好，「不需要在固定時間，到固定地方看我，想念我的時候，看看照片或在心裡默禱就夠了。」

今年以來 ChatGPT AI 聊天機器人暴紅，陶傳正也搭上這股潮流註冊試玩，他鼓勵熟齡族不要害怕學習使用 3C 產品，他以一名高知名度的立委參選人為例，這名熟齡參選人最近終於淘汰傳統手機，改用智慧型手機，擺脫山頂洞人行列，學會使用臉書、Line 等社群軟體，跟選民溝通不用再完全倚賴助理，才發現跟智慧型手機相見恨晚。**「只要按下去就會發現原來好簡單，問題在於你有沒有勇氣按下那些按鍵。」**

對於即將退休的族群，陶傳正建議，這個年紀不適合積極投資，要守成，把口袋的錢守好，比投資重要。如果有人告訴你投資什麼標的，短期內可以賺多少錢，千萬不要相信，包括你的孩子；尤其不要把退休金借給孩子，更不要把房子拿去抵押借錢給孩子，因為他們從你口袋拿錢最快，萬一賠掉了，你也不忍心跟孩子要。給孩子最好的資產，是良好教育和品德。

2

退休新啟程

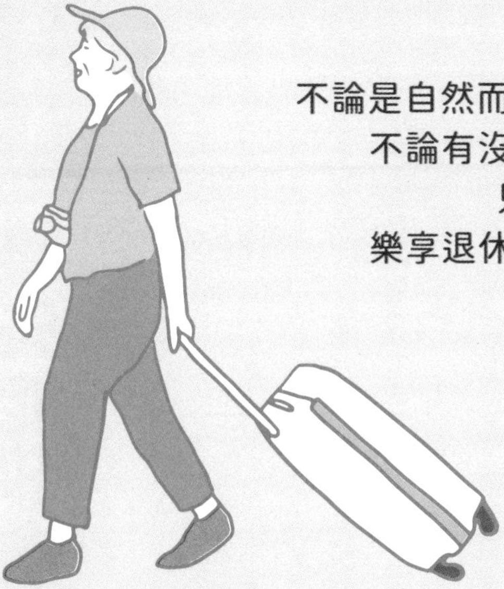

不論是自然而然地退休或是「被退休」，
不論有沒有預備好退休計畫，
只要不放棄，
樂享退休生活，可隨時啟程。

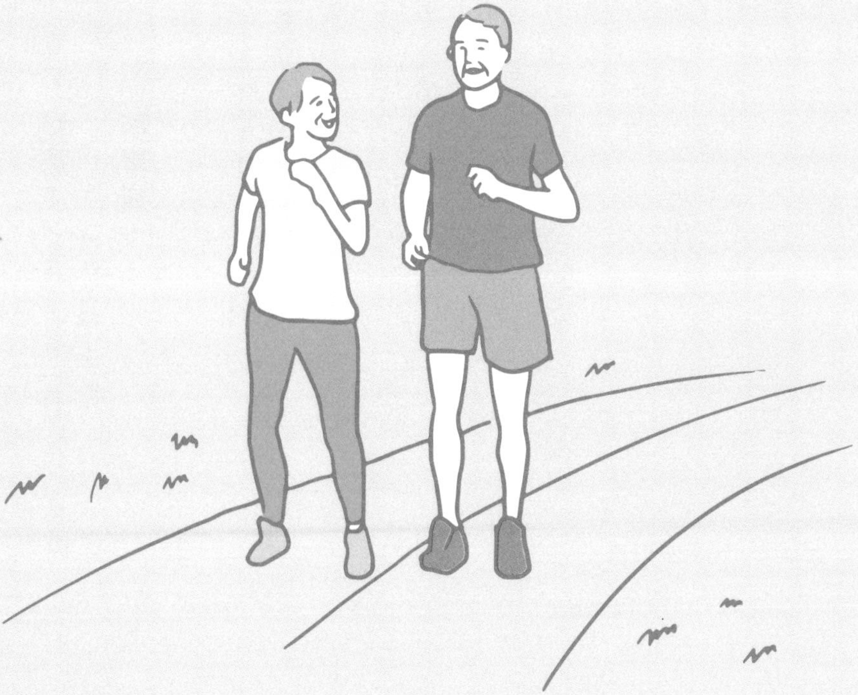

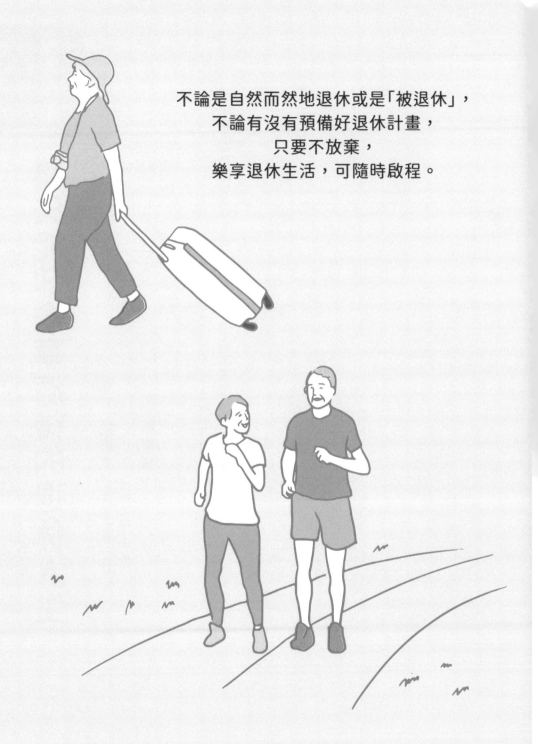

2/1

雖失能卻樂享癒後的退休人生

受訪／楊家才（董氏基金會「熟齡怎麼Young」徵件活動參賽者）
文／黃素娟

曾是身強體壯的搬家公司老闆，卻因病失能。但他以正向態度面對，不放棄品嘗生命歷程中的種種美好，繼續樂享癒後的退休生活。

本以為退休之後可以好好享受一生打拚的成果，沒想到惡疾風暴比夢想的退休生活來得更早。

楊家才在62歲時因病失能，從此以輪椅代步。但他並未因此喪志。他調整心態後積極面對生活，不僅運用科技（手機）和外界保持聯繫，也持續學習並接受挑戰。

未預期的提早退休

楊家才和太太一起經營搬家公司。在當年搬家公司漫天喊價的時代，夫妻倆秉持誠信原則，三十幾年來累積不少死忠客戶。原本計畫慢慢減少工作量，然後在65歲退休。沒想到楊家才在62歲時突然中風，好不容易由加護病房轉到普通病房後，卻又因院內感染導致敗血症而生命垂危。返家休養之後，還為了希望改善病情而參加了院方的腦波刺激研究計畫，但疑似引發癲癇再度送醫搶救。接二連三的病況均來勢洶洶，前前後後住院多達一百多天。

楊家才中風後，左半邊肢體癱瘓，不僅喪失語言表達能力，還伴隨著嚴重的認知功能障礙，連3歲小孩都會的一數到十都不行。但楊太太不肯放棄，除了試遍各種中、西醫療法之外，在家裡還不停地和他說話，並持續播放他生病前喜愛的相聲給他聽，協助他恢復語感。「他現在說話還會引經據典呢！」楊太太忍不住笑說。

夫妻倆退休前就喜愛旅遊，兩人會利用工作空檔，開車到台灣各地探訪，像是花蓮和台中福壽山，都有他們的足跡。「本來想退休後可以帶著我太太去台灣各鄉鎮深度旅遊，每個地方都多待一些時間……。」楊家才語氣平和地說起原本兩人夢想的退休生活。但計畫趕不上變化，突如其來的病症，完全打亂了兩人原本的退休規劃。

一張住宿券改變了癒後人生

出院後的楊家才，全身無力軟綿綿，太太帶著他四處求醫做復健。有次長期為他針灸的中醫師問他，身體好起來之後最想做什麼，他隨口回答「想出門旅遊」。沒想到醫師記在心裡。有次診療後，醫師出其不意地拿出一張住宿券送給夫妻兩人。受到醫師的激勵，他們決定踏出兩人的雙鐵之旅。

第一次，兩人搭火車到花蓮旅遊，當晚入住醫師送的度假酒店。雖然楊家才身體無力，但酒店設施適合輪椅行動，順利平安度過病後旅遊的第一晚。第二天晚上，兩人想重溫年輕時同遊的美好記憶，於是入住當年曾去過的舊式旅店。沒想到竟是災難的一晚。因為旅店位在地勢起伏的地方，不利於輪椅通行，每次出入都搞得他們精疲力竭。

但這困難重重的第一次，並沒有澆熄他們走出家門、接觸人群的想法，反而重燃兩人出遊的信心。

楊太太持續帶著他重新嘗試生病前的休閒和社交活動，其中也有過不愉快的經驗。有一次在餐廳吃飯時，他們遇到口出惡言之人。楊太太心疼的說：「他對我老公說，要他留在家裡，不要出來妨礙別人。」

有些肢體不方便的病人，可能因此就心生畏懼，不再願意踏出家門。但楊家才說他不怕別人怎麼說他：「我不能兌現退休後會帶她四處遊山玩水的承諾，我覺得虧欠我太太很多。」如果他因為害怕別人的目光與評論就不出門，就等於把照顧他的家人也關在家裡。

有家人的鼓勵，加上自己的勇氣與堅持之下，楊家才的健康狀況日益好轉。

大病風暴下的心理調適

面對和計畫中截然不同的退休樣貌，楊家才坦言，其實常感覺很沮喪，無力感很深。以前身強體壯的搬家公司老闆，一夕之間卻成了無法自理生活、凡事都要依賴他人的病人，所經歷的低潮可想而知。但他常告訴自己，生病已經很不得已，一定要改變負面的想法。

夫妻兩人十幾歲就因跳舞結緣，至今已相識五十年。在當年戒嚴封閉的時代，兩人還會一起從舞會逃跑躲避警察的追趕。病後的他，常在家裡播放當年的經典老歌，一方面重溫舊日的美好時光，另一方面也可隨著音樂的流瀉，舒緩病中的心情。**「盡量讓心情保持愉快，恢復正常人的生活，不要離社會太遠。」**

楊家才對於病後給予溫暖的朋友都謹記在心。他和過去經營搬家公司時互相信任的客戶、年少時的軍中同袍，都利用手機保持著聯繫，以維持良好的社會人際關係。雖然身體的力不從心常使他的生活處處是挑戰，也常使他情緒低落，但他用樂觀、認命的態度去面對一關又一關的考驗，「老婆很辛苦，陪伴我度過每一個低潮，我應該要更堅強。」

想做什麼別等到退休

雖然退休計畫不如預期，但夫妻倆認為，提早準備退休生活是重要的，尤其是財務方面的規劃。

「退休之後沒有收入，但還是有一定的生活開銷。」以楊家才的狀況來說，重病的醫療開銷根本不在預料之中，雖然健保可以給付定額的醫療處置費用，但重大疾病所需的自費項目也是不小的負擔，還有一些民俗醫療和保健品也得計算在內。

另外，生活上的規劃也是必須思考的。雖然中風打亂了楊家才退休的期程，但兩人之前已規劃了一套退休生活雛形，其中的環島旅行，現在還是在執行，只是以不同的形式進行而已。

「雖然我們現在已經吃不著完整的一塊餅乾，但我們可以挑選較完整的碎片來吃，依然可以嚐到餅乾的美味。」面對重大挫折，就必須轉念，然後賦予接下來的人生旅程新的詮釋。

「人算不如天算，想做什麼別等到退休。」楊家才和楊太太最想送給臨近退休的朋友們這句話：「人生不能等。」

楊家才最常掛在嘴邊的一句話：「我很感謝我太太。她很辛苦，我虧欠她太多。」「少年夫妻老來伴」，從楊家才夫妻相處的日常點滴，完全體現兩人從少年牽手到白頭的眞情流露。楊太太一肩挑起照顧他的重擔，從不喊苦。在其狀況穩定後，還參加進修課程，也帶著他一同前往。「我們兩個是一體的，誰都不能倒，缺一個都不行，所以我一定要堅強。」

或許楊家才和楊太太風雨同舟、不離不棄的身影，才是退休人生最美的風景吧！

楊家才 參加董氏基金會2022年「熟齡怎麼Young」徵件活動投稿原文

◆劫後餘生我要照Young過！◆

儘管我深知生、老、病、死，是人生必經的四階段，卻沒料到惡疾會在我臨老之際搶先來報到。62歲那年，我因病導致失能，必須靠輪椅代步。失去健康已很可悲，倘若再因殘疾而自暴自棄，我恐怕會更悲慘。

痛定思痛之後，我遂以積極的行動力來調節生活中的苦悶。除了用手機與外界持續保持互動外，也會隨同家人出門旅遊，或參加各種活動，以期療癒為病所苦的心靈，使心境轉為愉快。

持續秉持面向陽光的良好心態，讓我覺得自己現在比60歲之前更像Young！如今的我，不但樂於嘗新或學習，也更勇於面對各種考驗。儘管我的活動力仍受限，卻無礙我去品嚐生命歷程中的百般滋味，以致我的日子也越過越有Young！

2/2

由家庭主婦到自信冒險家

受訪／麗香（董氏基金會「熟齡怎麼Young」徵件活動參賽者）

文／黃苡安

過了多年眼中只有家人、沒有自我的全職主婦生活，因故重新投入職場。退休後，學理財、追劇、健走，漸漸學會為自己創造勇於嘗新的生活。

66歲的麗香原本是全職主婦，十八年前丈夫阿志因意外猝逝，留下她和三個未成年子女，為了養家，她不得不收起悲傷，投入久違的職場，隨著孩子長大成人，她終於能放下重擔，活出自己的人生。2023年春天，她一個人搭機出國，靠著簡單的英文順利通關，這個特別的經驗讓她非常雀躍，也更加有自信了。失去丈夫，讓麗香經歷許多悲苦和折磨，但也因此有機會挑戰自我。

十餘年來壓抑情緒不喊苦

阿志生前經營小本生意，養活一家五口，他猝逝後，麗香不得不接下生意出門跑業務，剛開始她非常不適應，常邊騎車邊流淚，紅腫著雙眼拜訪客戶；也曾在送貨途中突逢大雨，紙製品全部泡湯，讓她欲哭無淚。然而讓她最難受的，莫過於被客戶安慰的言語刺傷，「有時候會覺得人家是在可憐我，那種感覺很不舒服。」

曾有人問女兒：「爸爸走了，媽媽一直很傷心嗎？」女兒：「好像沒看媽媽哭過。」

麗香總是壓抑哀傷，不願孩子看到自己落淚，因為他們已經失去父親，如果還在他們面前哀聲嘆氣，只會增加他們的煩惱。而且當時三個孩子還在就學，麗香對經濟來源感到恐慌，只能拚命跑業務招攬生意，一方面多賺點錢，一方面讓忙碌沖淡哀傷的情緒。麗香自從結婚生子，就跟好友漸漸疏遠，沒有自己的社交圈，她痛苦時沒有人知道。

「不能遇到事情就一蹶不振，要想想身邊還有人需要你照顧。」她經常這麼提醒自己。長期精神壓力過大，造成她有長達十餘年的時間深受暈眩所苦。

所幸孩子都能體會媽媽很辛苦，會設法申請獎學金或是找工讀機會，讓麗香最欣慰的是，孩子成長過程很自律，不用擔心他們行為出現偏差，她可以心無旁騖地投入工作。

退休後勤學理財，成女兒財務顧問

隨著孩子長大自立，麗香近二、三年慢慢放掉工作。

「我是自然而然退休的，我們這行只要不出去跑業務，就幾乎不會有工作上門。」現在偶爾有老客戶下單，如果有存貨，她還是會接單，賺個買菜錢，不無小補，「很開心客人還記得我」。

由於是自然而然退休，麗香並未做太多退休規劃，花較多心思的是學習理財。阿志過世後，她意識到理財的重要性，過去她只接觸過定存及跟會，但定存利率低，趕不上通貨膨脹，跟會又有被倒會的風險，因此她嘗試投資股票，每天看財經新聞、研究股票線圖，不斷充實相關知識。麗香笑說，剛開始膽子比較小，賺一、二千元就跑，慢慢累積經驗後，現在她懂得將投資時間拉長，讓複利效果顯現。學會投資不僅能賺些零用錢，不用跟孩子伸手，讓自己活得更有尊嚴，麗香還會幫孩子理財，是孩子們倚賴的財務顧問呢！

練習表達真實的情緒，為自己而活

回顧過往，麗香表示，她的個性從小就逆來順受，凡事忍耐，遇到瓶頸自己會去轉個彎，不會沉浸在憂傷裡，事情來了就解決它，這種個性也影響三個孩子，「他們遇到不如意的事，會來跟我討論，有時聽完我的建議，他們會感到比較輕鬆，畢竟我的人生閱歷比較多，我也會提醒自己，不要當個嘮叨老人。」

麗香的眼中一向只有家人，「只要先生和小孩在家，我就沒辦法出門，覺得自己出去玩，有點罪惡感。」買菜時也總想著丈夫、小孩愛吃什麼，自己的喜好永遠放最後；全家出去玩，地點她都沒意見，只要家人喜歡就好，她認為，一家人要和樂，不要為了這些事情吵吵鬧鬧。

女兒心疼媽媽過得太壓抑，常鼓勵她要勇於表達想法，不要隱忍。現在她慢慢學會放鬆，有自己的主見，遇到不合理或不感興趣的事，她會溫和但堅定的說：「這個我不喜歡」、「我不想去」。

退休後，麗香最明顯的改變，是睡眠品質比以前好，躺下來很快就能入睡，暈眩也很少發作了，還有一些年輕時就有的宿疾，像是鼻過敏，也不藥而癒，「可能是壓力都釋放掉的緣故吧！」

樂享成為長者的福利，勇於嘗新

雖然被稱為長輩，麗香一點也不介意，反而很享受年滿65歲才有的搭公車免費，搭火車、高鐵半價等福利。她將生活重心轉向追求自我，每天早上起床看新聞、看股市、追劇、學流行用語，讓自己跟得上時代潮流，就不怕聽不懂別人在說什麼。

看起來溫婉的麗香，偏愛警匪片及偵探推理劇。她說，在看劇的同時，能啟發更多同理心，並提升自己對周遭環境的敏感度，提醒自己善待身邊所有的人事物。另外，她也藉由觀賞綜藝或美食節目，學習年輕人的流行用語，例如「芭比Q了」、「懷疑人生」等，現在跟姪女或孩子們對話多少都可以銜接得上。

「人家說，要活就要動」，平日整理完家務，麗香會出門健走，隨著新冠疫情解封，民眾生活恢復常態，她準備報名社區大學的書法班，期待結交新朋友，以文會友，讓生活更充實。

在觀念上她也不斷地更新，對於每個人的選擇都予以尊重及祝福，不會想要倚老賣老去情緒勒索年輕人。

以往都是子女帶麗香出國旅行，新冠疫情解封後，她想要自我突破，挑戰一個人搭飛機到日本探望女兒，並短暫體驗異國生活，她很順利通過日本海關，也慶幸自己懂一些簡單的英文單字，多少能夠理解海關的意思，是個非常有趣的經驗。

在日本 long stay 期間，麗香雖然不會日語，女兒沒有放假時，她會獨自去超市、美妝店、服飾店購物，研究日本人對於小細節的重視，例如，食品包裝上體貼使用者的設計等，除了令人覺得物超所值，也能感受他們追求品質的精神。這趟旅程讓麗香回味無窮，期待再展開下一趟旅行，體驗更多的人文風情。

「理財規劃，愈早愈好。財富自由，才能不受金錢束縛，做自己想做的事。」這是麗香從自身經驗中想和即將退休朋友分享的體認，別被理財專家講的天文數字嚇到，如果因此放棄為退休生活做準備，未來可能會增加家人或子女的負擔。

麗香 參加董氏基金會2022年「熟齡怎麼Young」徵件活動投稿原文

◆活出眞正的自己◆

60歲以前的我，眼中永遠只有家人的日常，沒有自我。

隨著時間的流逝，來到65歲，開始接觸理財、隨著年輕人追劇、花時間健走，慢慢學會轉化心態並創造自己的生活。

65歲以前的日子，有悲歡也有離合，總是在柴、米、油、鹽、醬、醋、茶中度過，煩惱著這個月是否會透支或其他。

學會投資讓自己賺些零用錢，不用跟孩子們伸手，讓自己更有尊嚴的生活，日子過的愜意也知足。

65歲的到來，算是人生另一個小確幸的開始吧。可以申請敬老卡享受福利。雖然開始被稱爲長者，但是現在的心態反而像是45歲般的年輕且有活力呢！

65歲是另個階段的開始，秉持著人老心不老的理念，越活越自在。期許自己在未來的每一天都能夠活在當下，充實的生活著。

2／3

從教室到廚房的活力生活

受訪／林輝煌（董氏基金會「熟齡怎麼Young」徵件活動參賽者）
文／黃苡安

雖然熱愛教職工作，全心全意投入，卻選擇提早退休，為的是要和太太共享黃金時光。

走在叫賣聲此起彼落、充滿新鮮活力的菜市場，63歲的林輝煌俐落地挑了妻女們愛吃的菜，這就要回家做午餐了，退休前，太太一句，「三十多年來都我在煮，可以換人做嗎？」退休一年多來，他樂當家庭煮夫，假日女兒、女婿回家吃飯，他會一口氣煮上八、九人份菜餚，好讓女兒吃完再打包回家做為隔天的便當，雖然忙碌，但他甘之如飴。

童年不能重來，要帶給孩子很多快樂

別看林輝煌一副愛家好男人模樣，過去教書時他可是拚命三郎，課後經常帶著學生跑馬拉松、打棒球、玩三十人三十一腳等團隊活動，還發起畢業路跑，為鼓勵學生全力以赴，他甚至募集了單車等獎品做為獎勵，由於投入太多心力在學生身上，會惹得女兒大為吃醋，「下輩子寧願當爸爸的學生，比較幸福！」

出生貧困的林輝煌，小學三年級開始，每逢過年要跟隨父母出外擺攤、賣燒酒螺，沒有童年可言，且父母忙於討生活，無暇關心子女學業，讓他一直引以為憾。二十多年前，大專畢業的他，一邊在高職夜間部任教，一邊在師大進修取得國小教育學程，才有機會參加教師甄試，進入國小服務。他很早就立志當小學老師，除有感於從小扎根太重要，還有個感性的原因，「童年不能重來，我要帶給孩子很多快樂。」

除了課業上的學習，林輝煌也豐富孩子們的生活經驗，他帶起的運動風潮，甚至影響了大人，有一些家長當年陪子女參加路跑，自此也愛上跑步。

童年賣燒酒螺的經驗，也成為他生命中的養分。校慶舉辦園遊會，林輝煌會教孩子們如何做生意，例如，賣什麼最受歡迎？如何定價、攬客？都有策略。他班上有個家境富裕、家長會長的孩子，從來沒有體驗過辛苦賺錢的感覺，畢業時，他的父母特地向林輝煌致謝，「兒子參加完園遊會，回家好高興，直說忙歸忙，累歸累，可是好快樂。」

提前退休，和太太共享黃金時光

懷抱「當老師是我的天職」，林輝煌卻選擇在62歲時提前退休。

他感慨，少子化現象嚴重，加上年金改革上路，流浪教師滿街跑，如果資深教師不退，年輕人就進不來，世代交替問題會日益惡化，國家的未來如何有希望？還有一個原因，則是感念太太三十多年來無怨無悔的付出，希望趁彼此體力還不錯，共享生命中的黃金時光。

林輝煌和太太是小學同班同學，兩人因為擅長打躲避球，當年就被同學起鬨為班對，他笑說，「沒想到繞了一圈，最後結為夫妻，冥冥中有緣分。」然而太太嫁給他三十多年，卻也吃了三十多年苦。林輝煌回憶，戀愛時，還是女友的太太，就要到他父母的麵攤幫忙收碗筷，婚後更是沒得選擇，只能辭職在家幫忙做生意，同時兼做保母。三、四年前父母相繼過世，林輝煌要妻子輕鬆過幾年，做自己喜歡的事，等他退休。

早在二十年前，**林輝煌就有計畫地跟太太培養共同興趣，他會帶著太太跑步，太太不僅身心壓力獲得紓解，還跑出興趣**。他讚嘆，「她每次參加路跑，都能拿到名次，真是天賦異稟。」現在他們出遊一定會帶雙慢跑鞋，只要有適合的地方就跑。林輝煌分享，日月潭清晨人煙稀少，與親密愛人一起晨跑，很浪漫幸福。

很多人問林輝煌，退休後會不會很無聊，他的回答是「不會！」愛做菜的他，原本打算一退休就考廚師證照，實際了解後，發現以輔導就業為主的考照模式，並不適合自己，既然計畫趕不上變化，那就上 YouTube 看影片學做菜吧！他發現跟 YouTuber 學做菜最棒的地方，在於可以集各家大成，變化出屬於自己的料理風格。

雖然太太現在自稱「櫻櫻美代子」，但她還是會幫忙備料及準備早餐，夫妻倆每週有兩天會一起上菜市場，這樣分工合作的互動，讓兩人感情更加溫，女兒們看見父母鶼鰈情深，幸福感也油然而生。星期天全家共聚一堂，每當忙碌了二、三個小時後，看到六菜一湯被一掃而空，對林輝煌來說，就是最大的成就感，一切辛苦都值得。

運動是生活重心，也是社交圈

翻開林輝煌的行事曆，周二、四跑步、周三騎單車、周五打桌球、周末假日登山或跑步，運動成為他退休生活的重心。此外，他每週還會上健身房兩次進行重訓，維持多元的運動習慣。林輝煌不諱言自己有糖尿病，希望透過運動來促進代謝，過去他成功泳渡日月潭，更計畫兩年內要登玉山、單車環島，完成「新三鐵」任務。

林輝煌發現，台灣有很多男性退休後無所事事，沒有自己的社交圈，反而是女人退休後走得出來，比較活躍，日本的現象也是如此。他自己有幾個社交生活圈，每隔一段時間就會聚餐聯誼，運動時也有固定的同伴，有老友、老同事，也有尚未退休的同事，**他會以老大哥身分帶後輩一起運動，鼓勵他們養成運動習慣，除了希望友誼能長長久久，運動時有伴，就不會倦怠偷懶。**

他會想，過幾年要再去跑二十一公里國道馬拉松，太太不解，問他想要證明什麼？這才一語驚醒夢中人，「對喔！這個年紀體能已經過了巔峰，人要服老，只要平日養成每次跑個八公里、十公里，一週跑二、三次，加起來也有二十多公里，細水長流就足矣。」

至於桌球，是林輝煌退休後才接觸的運動。會選擇桌球，是因為需要更高的專注力，除了訓練手眼協調和反應力，對於視力保健也有助益，同時能認識新朋友，拓展交友圈，「會很期待周五晚上去上課。」

積極安排退休生活，也學善終與善別

林輝煌偶爾也會回學校幫忙代課，「年輕人要去約會沒關係，如果信得過我，我幫你免費代課。」他笑說，這麼做的目的，是讓自己保有殘餘價值。此外，他每週還抽出兩晚，指導鄰居小五男童的數學，「沒有收家教費，純粹是我剛從高年級老師退下來，還很熟悉課程內容。」更重要的是，讓自己的腦筋不會快速退化。

除了動態活動，林輝煌也喜歡沉浸在書香裡，平日午後，他會到書店或圖書館充電，近期他讀了好幾本談如何善終、善別的書籍，包括《最好的告別》、《最後14堂星期二的課》、《好活與安老》等，他和太太都預立「選擇安寧緩和醫療意願書」，同時在健保卡加註放棄急救，並簽署器官捐贈同意書。他也要女兒多看這類書，「因為未來如何處理後事，希望她們能尊重我們的想法，我不希望孩子因為割捨不下媽媽或爸爸，意見相左而影響了好感情。我也不排斥海葬，但女兒擔心沒有地方追思，這些問題都要慢慢溝通。」

積極安排退休生活的林輝煌，還有兩項待實現的清單：一是他已經捐血一百四十三次，希望上完研習課程，能擔任捐血中心志工服務人群。二是平日喜歡哼哼唱唱的他，打算到社大上歌唱班，學換氣、轉音等技巧，讓生活更多元。

對臨近退休的朋友，林輝煌提醒，**沒有比健康更重要的事，退休時是初老階段，除了維持正常作息，更要建立良好的運動習慣。此外，除了家人，一定要有自己的社交圈，這個年紀交朋友的訣竅，在於選擇有相近價值觀或共同興趣的人，相處起來才會比較融洽。**

林輝煌 參加董氏基金會2022年「熟齡怎麼Young」徵件活動投稿原文

◆這就是我理想生活的young子◆

本人是今年八月一日剛才從國小教職退休下來，平常就喜歡運動——跑步、騎車、游泳。所以目前已在實行每週跑步（二至三次，每次六至十公里），游泳每週一次（一千公尺／次），腳踏車因天氣高溫炎熱暫時休息，九月後每週有一至二次的練習（三十至五十公里），自己規劃兩年內跟友人一起完成腳踏車環島及攀登玉山。

除上述運動項目外，已在八月二日報名萬華區社區大學龍山國中校區，自九月十六日起每周五晚上上「健康學桌球」的課程，讓自己運動更多元，藉此多認識一些同好，期許自己未來能每學期都報名一門自己興趣的課程，抱持著終身學習的態度。

本人因長期養成捐血習慣（已捐一百四十三次），所以已向捐血中心登記未來每周六上午前往板橋捐血站擔任志工服務人群，目前因疫情關係尚無法前往，在前往擔任志工前，已報名八月十日在信義區學習擔任志工相關課程六小時。

在居家附近（三民路）最近開了一家誠品生活，環境幽雅舒適，所以從七月下旬，每周一至五下午二點多到五點都會在此看自己喜好的書，享受午後學習時光。

2/4

積極「給愛」與「學習」的人生

受訪/劉書容（董氏基金會「熟齡怎麼Young」徵件活動參賽者）

文/黃素娟

完全顛覆年長者需要被照顧的刻板形象，除不斷挑戰、學習新事物外，也熱情投入公益活動，把自己繼續奉獻給社會。

今年邁入退休第十三個年頭的劉書容，以「終身學習」與「志願服務」做為生活雙主軸。

年近80歲的他，一頭閃耀的白髮與紅潤的面容，走起路來不輸年輕人的速度和步伐，讓人感受到的是滿滿的元氣與活力。每天都規律做有氧運動和上課的他，手機裡有許多自己以剪輯軟體製作的活動照片和影片，充分體現他對學習新事物的熱情。

無縫接軌的退休人生

劉書容大學主修社會工作，在學生時期就和社會服務工作結下不解之緣。暑期工讀時，曾參與過「貧戶（也就是現今的中低收入戶）調查」工作，實地接觸社會上經濟弱勢的一群人。進入職場後，也曾被派駐在台大醫院執行醫療社會服務工作。當年醫療資源不足，加上無健保的時代，他近身服務過許多重病卻無法負擔龐大醫療費用的無助者。民國九十九年，他從台灣銀行公教保險部經理退休時，一方面不想成為所謂「等吃、等睡、等死」的「三等公民」，二方面想延續社會服務的理念，隔年就加入中華民國紳士協會。歷經過多項公職的劉書容，對行政管理事務十分嫻熟。一加入紳士協會，立即發揮長才，擔任公關主任，負責協會與外部的活動安排與聯繫。除此之外，他也是中華悅齡長照關懷協會的一員，不僅積極參與協會辦理的各項課程，也投入弱勢族群服務的志工活動。

退休後，他也不拘泥於性別角色的框架，積極學習家事處理，和太太一起分擔家務。以往只負責家裡維修粗活的他，退休後開始近庖廚作羹湯。

「現在我只負責開菜單，他會去採買，然後我們一起做菜。你看，這是我們幫兒子們做的便當。」從劉太太愉悅的語氣，就可感受到劉書容退休後的家庭角色轉化十分成功。

「手心向下」的人生哲學

「我一直教育孩子，做人要手心向下，懂得付出，盡量做個能給予的人。」退休後，劉書容力行自己的信念，「關懷獨居年長者」、「走訪街友」或「教養院院生互動」等志工服務，都可見到他的身影。每次去探訪服務的年長者時，劉書容總會幫他們按摩，傾聽他們訴說往事，做些互動的小遊戲，或是協助復健延緩失能。許多獨居年長者因行動不便，出門不易，有些還住在公寓二樓以上，更是鮮少有與人親身互動的機會，所以都十分期待他的到訪。「雖然每次聽的內容都是重複的，但是看到年長者喜悅的表情，每每也會引起共鳴。」

退休後從事志願服務工作，劉書容以愛因斯坦的名言自勉：「黑暗並不存在，只因缺少亮光；寒冷並不存在，只因缺少溫暖；邪惡並不存在，只因缺少了愛。」他跳脫傳統「耄耋之齡」的形象，持續扮演「手心向下」、「愛的給予者」的角色。

「無年齡差」的終身學習

劉書容喜歡寫作與投稿，退休後仍創作不懈，只是將稿紙換成了手機的記事本。他的興趣也跟上了新時代的科技腳步，手機裡有很豐富的創作，包含了自己的生活隨想，也有幫協會活動或朋友撰寫的文稿。

有些年長者抗拒改變，只想待在舒適圈安穩度日，但劉書容夫妻不一樣。「我們把生活的觸角延伸到外面去，兩個人的生活圈比較小，我們喜歡這樣擴大。」劉太太比先生早十年退休，更早邁出退休後終身學習的腳步。

勇於挑戰的兩人，除了自學之外，協會和社區開設的進修課程是他們終身學習的重要管道。

參與的課程，從手機攝影、軟體剪輯，到運動健身都包含在內，其中最特別的是社區學校的親子成長課程。劉太太說：「我們刻意去參加的，可以多跟年輕父母交流，認識一些年輕朋友。」**年齡上的差距往往是影響年長者參與活動的重要因素，總擔心自己會在群體中格格不入，或是跟不上學習的進度，但他們夫妻卻願意抱著開放、不批判的態度努力嘗試。**「時代在進步，為了避免有代溝，想了解年輕人的想法與作為。」

疫情前，兩人會參加「愛你一輩子守護團」講座，學員都是年輕的父母，孩子多在中、小學生階段。但兩人並不因年齡虛長幾歲就好為人師，反倒以學習的心情仔細聆聽。後來有些成員知道他們不僅兒孫滿堂，且家人的互動熱絡，還會向他們請益教養之道。結業後，學員們還組成「愛團志工」，劉書容也將自己社會服務的經驗分享給團員，鼓勵「愛團」成員在親子活動之外，擴大觸角至年長者關懷服務的領域。

不囿於年齡限制的劉書容夫妻，不僅藉由終身學習活化腦力，也多元規劃拓展人際網路，不讓自己陷入退休後社交貧乏的困境。

「第三家庭」的親身實踐

在「單人戶」直線增加的台灣社會，和兒孫同住互動的模式正在消失中。劉書容認為，**如果能和一群志同道合的朋友組成自助、互助、共同成長的「第三家庭」，對未來的年長者照護必有相當幫助。**

「在這個高齡、少子化的時代，我覺得有必要積極推廣『第三家庭』的概念。」

許多人可能對「第三家庭」這個名詞有點陌生。「原生家庭是我們的『第一家庭』，結婚後組織的是『第二家庭』，我現在和極球（Chiball）班朋友共同經營的就是『第三家庭』。」

但華人社會的傳統觀念中，晚年能和子女住一起就是最大滿足，所以推廣「第三家庭」的理念並不容易。雖是如此，劉書容認為，理念創造的是無形的價值，只要能在聽者心中埋下種子，引發初心，就已經達到他第一步的目標。

一以貫之的價值理念

劉書容拿出之前擔任悅齡長照關懷協會公關主任時的名片，背面有著兩行字，一是「關懷、扶持、給愛」，另一則是「學習、成長、分享」。

他說：「這是我個人的 slogan。」

對照一路走來的人生軌跡，無論在哪個位置上，他秉持一致的態度，經營自己的事業、家庭與興趣。若以他喜愛的寫作來比喻，人生或許就是一部場景更迭的小說，每一階段的家庭是主要架構，「給愛」和「學習」是最重要的主題，而「退休」僅是其中的一個小章節。翻過這章，未完待續的故事發展仍然值得期待。**「心態上要積極，退休後時間更多，可以做的事情更多。」**劉書容與即將退休的朋友們共勉之。**「還有，終身學習就對了！」**

劉書容 參加董氏基金會2022年「熟齡怎麼Young」徵件活動投稿原文

◆退休生活非常Young◆

我常說，退休之後比退休之前還忙，每天有做不完的事。退休十幾年了，一直在力行「終身學習」與「志願服務」。

終身學習方面：參加各類成長班，與年輕人一起上課學習；大膽自我挑戰，學習創意美勞；天天有氧運動，期許健康老化；拾回最愛，學習書法；活絡腦細胞，勤讀各類書籍並筆耕；深化心靈，學習禪繞畫。

志願服務方面：參加志工服務～關懷與陪伴：關懷蝸（獨）居長者，夜訪街友，關懷心智障礙者，陪伴敬老院長者聊天，關懷失能、失智者⋯⋯。

關懷、扶持、給愛；學習、成長、共享。這是給自己的期許。爲了健康老化，就要不停地運動、學習、工作。

退休後增加了廚房的相關工作，舉凡採買、大廚、二廚的工作幾乎全包了。還要兼做粗活～吸地、擦地板。「家事、國事、天下事，事事關心」。雖然忙，但覺得自己越來越年輕，似乎只有60歲而已。

老子道德經：「聖人不積，既以爲人，己愈有，既以與人，己愈多。」我才「60」歲，我要朝此目標來努力！

12
11
1
10
2
9
3
8
4
7
6
5

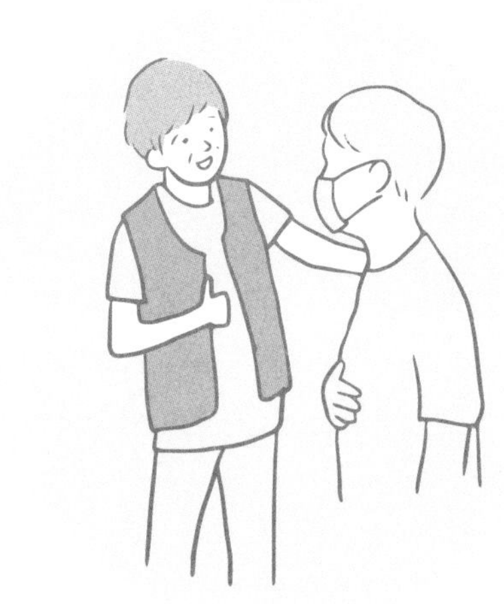

3

退休壓力陣痛期的應對

退休，是樂活人生
還是憂鬱風暴的開端？
聆聽內心的聲音，
從覺察到接納，
安度退休壓力陣痛期。

3／1 透視退休的壓力和挑戰

退休，會給人帶來什麼樣的壓力和挑戰？什麼因素會影響退休者對退休生活的適應能力？透過逐步調適，讓自己找到最舒服的方式享受退休生活。

文／黃嘉慈

從事室內設計的阿林伯向來對自己的體能健康很自豪，也熱愛工作，即使已年屆70，仍賣力地經營自己的工作室並四處教課，從來沒有退休的打算。他總說：「只要還有客戶找我，就代表我可以。」

然而，一次突如其來的心臟病發作，迫使他不得不停下腳步、從工作崗位上退下來。

阿林伯的妻子已經退休多年，她的生活在退休後似乎比以往更充實，像是假日與山友相約爬山，平日參加舞蹈課程、讀書會，有空就和姊妹淘喝下午茶；若是兒女需要，還得排出時間幫忙照顧孫兒。

相形之下，阿林伯在被迫退休之後，似乎失去了生活重心。以往他喜愛的網球運動對他來說已太吃力，想參與妻子的社交活動又覺得格格不入；過去因忙事業而疏於經營親子和朋友關係，以至於現在想探望孫兒或找人聊天也覺得尷尬。最終，看電視成了阿林伯最主要的日常活動。然而，他的心情卻常隨著不停播放的新聞起起伏伏，也開始自怨自艾，覺得自己「無路用」……。

退休＝享福？

退休，對於某些人來說，是夢想，是辛勤工作多年後的獎勵；它還代表著「絕對的」自由，讓人們終於可以從伴隨著工作而來的責任與人際壓力中解脫，過著自己想要的生活。

然而，也有些人在退休之後，因為失去外在賦予的責任、規律的工作及生活，反而感到迷失，甚至造成身心狀態很快地衰退。

這讓人不禁想要探究，退休會給人帶來什麼樣的壓力和挑戰？又是什麼因素會影響退休者對新生活的適應能力呢？

退休可能面臨的壓力

- **財務困難**：退休後，許多人不再有固定收入，需要依靠儲蓄、退休金或養老金過生活。然而，並不是每位退休者都是在經濟無虞的情況下退休的。根據美國員工福利研究所（Employee Benefit Research Institute）於2023年1月5日至2月2日所進行的線上調查「2023年退休信心調查」結果顯示，與2022年相比，工作者和退休者的信心都顯著下降。上次出現這種程度的信心下降是在2008年全球金融危機期間。在2022年的調查中，對於自己有足夠的金錢，過上舒適退休生活感到有些信心的工作者佔73%，然而到今年則降至64%；感到非常有信心的工作者在去年佔28%，今年則只有18%。至於退休者的部分，雖然退休者的信心略高於工作者，但仍然不到四分之三的人，感到至少有些信心，只有27%的受試者感到非常有信心。至於**對於退休生活沒有信心的主因包括：儲蓄不足、擔心通膨以及醫療費用等。**（參照1、2）
- **認知能力改變**：一項由德國科隆大學與美國加州大學舊金山分校的學者，針對五千位來自十七個國家的退休者，於2021年發布的研究發現，退休與「單字回憶能力」的下降有關，且人們在退休後，「記憶力減退」的速度會加快（參照3）。另一項於2020年發表於《心理學與老化期刊（Psychology and Aging）》的研究，針對「目標放棄（goal disengagement）」這個動機因素是否是影響退休與認知能力下降相關性的關鍵因素進行探討。結果發現，只有那些「目標放棄（goal disengagement）」得分較高、並且是女性的退休者，其「情節記憶能力（episodic memory）」呈現出大幅度的下降。所謂**「目標放棄（goal disengagement）」，是指一個人若遇到困難時，傾向於降低自己的抱負或目標，而不是努力去克服困難，以實現個人目標。**例如：當期望沒有得到滿足時，就會降低期望，或為了避免失望，不會把目標定得太高；以及在放棄一些責任時，會感到如釋重負。推測其原因，可能是**由於工作中的許多任務，需要用到大腦的執行功能，也需要利用情節記憶能力來追蹤過程，和下一步需要完成的工作，因此，當這些功能隨著退休而失去練習機會，就會導致認知能力的退化。**（參照4）

- **身分角色轉變**：許多人將大半輩子的精力投注在工作上，透過工作來定義自己是誰，並從中獲取成就感、自我價值感和自信心的滿足。然而**退**

休後，在社會上少了工作者的角色和頭銜，在家中也失去「維持家計者」的身分，導致對自我產生懷疑，對人生目標感到迷惘。

- **社交孤立**：退休後，有些人因失去與同事的日常接觸和社交而感到孤立和孤獨。根據哈佛大學於1938年開始，針對成人生活和幸福感所進行的長程追蹤研究《Harvard Study of Adult Development》發現，當時仍是青少年的參與者，**在步入中、晚年面對退休時的首要挑戰，是因為失去工作中與同事所維持的長期社交聯繫而感到孤單和失落。**（參照5）

- **時間管理的困難**：退休後，人們通常擁有更多自由支配的時間。然而對某些人來說，這會讓他們不知所措，因而感到焦慮。一項發表於《施普林格出版集團（SpringerLink）》出版的期刊，針對台灣退休人員休閒時間（free time）的管理與生活品質的研究報告證實，能有效率管理閒暇時間的退休者，能夠享有更好的生活品質。（參照6）

- **健康的擔憂**：根據英國IEA國際能源組織在2013年針對工作、健康生活與政策關係所進行的討論報告指出（參照7），在退休初期，退休對於心理和身體健康有小幅改善；然而，長期而言，退休對身心健康竟有負面的影響，例如：罹患憂鬱症的風險增加約40%、至少被診斷出一項身體狀況的比例增加了約60%。另一項以《Whitehall II》世代研究中以英國退休公務人員為樣本，探討退休後心理健康短期和長期變化的研究也有類似的結果（參照8）。而一項哈佛公共衛生研究院所進行的前瞻性研究也指出，50歲以上的退休者，其心臟病發作或中風的可能性，比仍在工作的同齡者高出40%。（參照9）

迎接退休的挑戰

面對改變，有人的態度是躍躍欲試、欣然接受，也有人心中忐忑、抗拒而裹足不前。

退休，會造成人生許多面向的改變，確實可能對個人造成很大的壓力。若以心理學家馬斯洛所提到的五個層次的人本需求論來看，退休有可能對人們的生理需求、安全需求帶來威脅，如擔心老後健康、儲蓄不足等；也可能挑戰了歸屬與愛的需求，如失去重要的人際關係、感到孤獨；或又是讓人容易懷疑自我價值、失去求知慾，不再相信自己有創造力，進而否認了自己對於自我實現的需求。然而，**退休是某個職業生涯的結束，卻並非生命的終點**。美國著名的電視主持人、作家和製片人佛雷德．羅傑斯（Fred Rogers）就說到：「**通常當你以為在某件事情上已經走到盡頭，實際上你可能正處在另一件事情的開端**」；而這正是「退休」的最好寫照。面對退休生活的焦慮和擔憂，讓我們透過充分準備，在面對挑戰時逐步調適自己，尋求資源協助，相信能找到最舒適的方式享受退休生活。

參考資料

1. https://www.ebri.org/docs/default-source/rcs/2023-rcs/2023-rcs-short-report.pdf?sfvrsn=7c8d392f_6
2. 2022 Retirement Confidence Survey (RCS) (ebri.org)
3. Cross-national Differences in the Association Between Retirement and Memory Decline doi: 10.1093/geronb/gbaa223(2021)
4. Hamm, J. M., Heckhausen, J., Shane, J., & Lachman, M. E. (2020). Risk of cognitive declines with retirement: Who declines and why? Psychology and Aging, 35,449-457.5
   Risk of Cognitive Declines With Retirement: Who Declines and Why? - PMC (nih.gov)
5. https://www.health.harvard.edu/blog/the-secret-to-happiness-heres-some-advice-from-the-longest-running-study-on-happiness-2017100512543
6. Free Time Management Makes Better Retirement: A Case Study of Retirees' Quality of Life in Taiwan September 2014 DOI:10.1007/s11482-013-9256-4
7. Work Longer, Live_Healthier.pdf (iea.org.uk)
8. Mental Health Before and After Retirement—Assessing the Relevance of Psychosocial Working Conditions: The Whitehall II Prospective Study of British Civil Servants The Journals of Gerontology: Series B, Volume 75, Issue 2, February 2020, Pages 403–413, https://doi.org/10.1093/geronb/gbz042
9. U.S. Health and Retirement Study

3/2 覺察與接納退休歷程的變化

諮詢／邱弘毅（國家衛生研究院群體健康科學研究所所長）
蔡佳芬（臺北榮民總醫院精神部老年精神科主任）
文／鄭碧君

退休是一連串的過程，若沒有充分準備與規劃，很容易產生適應不良與心理健康問題。聆聽內心的聲音，採取行動，打造讓自己舒適快樂的退休生活。

每每聽到街坊鄰居從職場功成身退，秀美總是心生羨慕。好不容易自己退休了，初期的確感到無事一身輕，自由自在。沒想到久了之後，她卻發現退休生活和原本的期望完全不同。現在不但覺得度日如年，最近更是身體這邊痠那邊痛，只能不停的看醫生、做檢查。

「唉！以前上班時都好好的沒事，怎麼一退休就『歸組壞了了』，該不會是得了什麼不治之症吧？」秀美變得鬱鬱寡歡。

談及退休時，許多人習慣將焦點放在「是否已具備足夠的金錢」，以便日後能滿足所需，並以他們希望的方式享受第二人生。儘管做好財務準備是十分重要的一環，但退休生活能否成功適應，並感覺滿意，與中高齡者的心理健康狀態亦息息相關。

不僅針對「退休」，而是為「退休後的生活」做預備

有研究（參照1）指出，**不再工作、徹底退休的族群，會因為體力活動和社交互動的減少，而導致與靈活度、機動性及日常活動有關的困難度，增加5～16%，出現疾病的狀況增加5～6%**；而退休後平均六年內，心理健康狀況會下降6～9%。英國智庫經濟事務研究所（Institute of Economic Affairs）的研究亦表明，雖然退休一開始可能有利於健康，但隨著時間推進將會帶來不利影響，包括罹患憂鬱症的機率增加約40%。

國家衛生研究院群體健康科學研究所所長邱弘毅觀察到，許多人認為退休只是意謂「從今以後不用進公司上班，可以睡到自然醒，沒有壓力，更輕鬆」，卻沒有事先為退休後的生活做好充分準備，導致中、長期之後，心理健康受到影響。

台北榮民總醫院精神部老年精神科主任蔡佳芬也發現，大部分自認對退休已做好預備的人，都是在準備「退休」這個單一事件，並沒有針對退休之後的日常生活去做長期規劃。

「退休是生命過程中的一個里程碑，並不是結束鍵或暫停鍵。退休生活要怎麼過，才是我們應該關注的重點。」蔡佳芬表示，**儘管有些人也在乎退休後的生活，但仍然較多聚焦於經濟等現實層面，或著眼在「責任已了」，未能認真看待自己退休後全新的角色，且因為角色的變化，有必要再建立新的生活方式。**

無法良好調適，恐陷老年憂鬱

值得注意的是，如果對退休缺乏正確或全面的看法，可能容易出現適應不良的狀況。

「剛退休的頭一、兩個星期，不用在早上巔峰時段跟著大家擠著上班，也不需要面對職場人事相處問題，可能會覺得很開心。但蜜月期過後，新鮮感逐漸消失，會開始覺得日子過得沒意思。」邱弘毅說，找不到一個足以支持未來生活及心理健康的方式來妥善運用多出的時間，是不少退休者最大的問題。

「如果事前沒有想清楚，或是把事情想得太絕對，最後發覺現實與自己想的完全不一樣，一旦拒絕接受現況，就會產生適應不良的現象，」蔡佳芬提醒，**退休是一連串的過程，適應不良者的心理，依階段的不同，也會出現不一樣的問題。**

一、即將面臨退休：眼看退休日逼近，可能會因為還未做好準備而感到焦慮，例如擔心交接時間不夠，接手的人對工作內容還不熟悉等，或者因為要脫離待了很久的職場環境，而出現分離性焦慮或不安的情緒。

二、剛進入退休：從退休的這一天開始，進入再也不用上班的模式，是一個巨大的改變，會讓一部分沒有先行計劃好的人驟失生活重心，感覺不適應，陷入不知道自己能夠做些什麼或無事可做的恐慌。

三、正在適應退休：為了填補生活中突如其來的空白，開始將生活重心轉移到其他的人事物上，卻走往錯誤的方向，例如把重心放在家裡，每天盯著另一半、子女或孫輩，不停的碎念或找碴；或是把自身的身體健康和老化當成重心，過度注意身體的病痛、症狀，甚至出現慮病的恐慌。

覺察情緒狀態，若已影響生活，務必求助專業，邱弘毅指出，當退休族適應不良的狀況較嚴重時，會有拒絕、否定、社交退縮等表現，往往讓家人也備感困擾。不過，**「不會一開始就顯現憂鬱症的症狀，較常見的是宅在家不願意出門，做什麼事都提不起勁，甚至久了可能還會自言自語。」**退休者若總是精神萎靡、情緒負面，看待生活中或社會上的事物多以負向角度解讀，對什麼都看不順眼；或是自我防禦較強烈，對他人釋出的善意甚至予以反擊，就應留意可能有憂鬱傾向了。

蔡佳芬表示，**是否無法適應退休後環境與角色的變化，以致產生障礙而出現憂鬱情緒，可以觀察以下兩大核心症狀：對原本的嗜好或喜愛事物是否失去興趣（loss of interest）、是否喪失活力（lack of energy）。**

然而，退休者及其家人，常不僅沒能警覺到上述兩症狀的發生，甚而還會將其行為合理化。比方說，不肯出門，整天關在家，或乃至整天躺在床上，經常被解釋為「不用上班了、沒什麼事要做」；不與人往來、變得封閉，被解釋為「已離開職場，不像以前一樣需和同事或客戶見面」。特別是長者若在退休前，整個生活的重心只有工作，無其他感興趣事物時，當退休後出現憂鬱症狀，極易被視為理所當然，難以在第一時間發現異狀。

對很多人來說，工作是他們生活的意義和目標，當工作消失了，會產生失落、沮喪的感覺。邱弘毅說明，倘若已對生活、健康造成影響，例如長時間待在家中，不論家人怎麼鼓勵或陪伴仍不願出門，或是拒絕服用平常應吃的慢性病藥物等，就應尋求專業心理諮商的協助。「介入時，必須要很有技巧，因為有些有憂鬱情緒的人，並不承認自己的症狀，**最好由他們比較信賴的配偶或子女，透過正面誘導的方法，達到引導長者就醫的目的。**」

做好預備與規劃，打造理想退休生活

邱弘毅建議，規劃在未來三、五年內要退休的人，現在就應開始著手規劃自己的退休生活。同時夫妻也可以相互提醒、打氣，描繪退休之後兩人最想要的生活樣貌，逐步放緩工作腳步，並檢視或培養自己感興趣的活動與運動、廣交職場以外可以談天說地的朋友。萬一過去在職場外沒有很多朋友，不妨試著多參加配偶的聚會，學習與另一半的朋友們互動。

邱弘毅以自身為例鼓勵大家，「所謂不退休的人生，並不是指退休後還要繼續工作，而是指離開工作崗位後，仍用心經營、打造新生活。像我是計劃未來十年內要退休，現在已在嘗試結交新朋友、培養興趣和喜好。」

蔡佳芬則說，由澳洲 National Seniors Productive Ageing Centre 推出的一份退休量表（http://www.smartretirement.com.au/wp-content/uploads/2015/06/TheRetirementQuiz-WebReady.pdf），或許可做為即將退休或已退休者自我衡量的參考。

這份量表分為三大部分：「身體健康跟財務資源」、「社會資源」、「情緒、認知心理動力」，能幫助大家盤點自己在各個層面上「是否已做好準備」。

蔡佳芬提醒已退休或即將退休的人，想順利過渡到退休生活，「首先要能夠認知並接受自己已從工作上退下來，角色已轉變了，生活型態當然也得跟著調整。」她建議，要聆聽自己內心的聲音，無論是再度就業、兼職工作，或開創新事業，或擔任志工，或只是為家庭貢獻一己之力，都好。只有仔細思考自己退休後真正想要什麼，並進一步採取行動，才能擁有快樂、舒適的退休生活。

參考資料

1. Dave, D., Rashad, I., & Spasojevic, J. (2008). The effects of retirement on physical and mental health outcomes. Southern Economic Journal, 75(2), 497-523.

3／3

退休後的身心挑戰，因人而異

諮詢／邱弘毅（國家衛生研究院群體健康科學研究所所長）
蔡佳芬（臺北榮民總醫院精神部老年精神科主任）
文／鄭碧君

退休後，面臨角色轉變、去除了職場上的位階、或是受非自願性退休因素影響，都會面臨不同程度的身心衝擊，思考自我認同與適應，多元調適方法可幫助建立新生活。

明志63歲從大學教職退休後，如願以償地到處遊山玩水。剛開始真是非常開心！但還不到兩個月便覺得膩了。最近他常常懷念以前在學校時，每個人碰到他總是一聲聲「老師」、「教授」的，也很後悔還在職時曾有人來探詢他退休後開設講座的意願，他當時一口回絕：「先緩緩吧，我想多休息。」現在，他想找點事來做，卻無法拉下臉來詢問過去的同事和朋友……。

退休是人生中一個重要的轉折點，許多人都期盼著退休那天的到來。但當這天真正來臨時，可能也會帶來不小的挑戰，因為**個人過去的身分經常是藉由**

工作來界定的。退休後角色的變化，需要自我的認同與適應；而這一段過程能否順利度過、需要多長的時間，則是因人而異。

退休後角色的轉變，男性適應較女性困難

國家衛生研究院群體健康科學研究所所長邱弘毅指出，已有多項研究發現，退休後的男性、女性，在生活的安排和心態上，有著極大差異。**男性在「退休」和「產生心理困擾」之間的關聯性，明顯高於女性。**主要原因是大多數男性在青壯年時期，全心投入工作，生活中沒有其他休閒活動和嗜好，也沒有結交職場以外的朋友；再加上許多男性在退下工作崗位時，多已是管理階層，從原本叱吒風雲到回歸家庭後，不再有職位上的光環，「突然間強烈感覺到自己好像不被需要了，整個社會的脈動也跟他沒有關係了，容易引發失落感。」此外，由於過往可能忙碌工作、疏於經營家庭關係，以致退休後開始想要跟子女、配偶有更多互動時，卻不知該如何拿捏，也加深了挫折感。

相較之下，女性一般比較不像男性那樣，僅單純透過職業來定義自己，並且從年輕時便容易結交可以互相傾訴的姊妹淘，在工作夥伴和家人之外，往往還會有其他人際的連結。女性普遍也比男性更善於安排活動、追求個人興趣。

不過，邱弘毅表示，**雖然男性難以適應退休生活的程度和比例都超過女性，但「看待工作的態度」可能才是影響退休調適的關鍵**。他提醒，有些過度專注於工作、事業心比較重的女強人，或是未能踏入家庭生活的單身女性，也有可能面臨和男性同樣強烈的衝擊，若是等到退休後才要開始經營人際關係，難免會感到無所適從，或出現適應障礙。

退休丈夫症候群

然而，退休男性的適應不良，不但會影響自己的生活，連帶的也會造成另一半的困擾。

1991年一位日本心理醫師黑川信夫提出「退休丈夫症候群」（Retired Husband Syndrome, RHS）概念，他從臨床上觀察到，**男性從職位退下來後，因生活出現落差，加上沒有找到自己的生活重心，導致整天在家過於關注另一半，使得配偶承受高度壓力，甚至對身心健康造成負面影響**。邱弘毅也說，假如夫妻雙方都有工作，女性自己退休後面臨到的心理變化通常比較小，負面情緒反而多來自已退休的另一半。

隨著男性結束職業生涯，回歸家庭，夫妻相處的時間變多了，過去兩人間原本存在的問題，可能更容易顯現出來。有些缺乏退休規劃、未能在家庭之外進行有意義活動的丈夫，更因為整天在家，不是變得事事依賴妻子，就是處處要求太太，要太太配合。

「日本會掀起一股老年離婚潮，就是因為男性一退休，妻子就再也受不了。」事實上，義大利的研究人員（參照1）也發現，「退休丈夫症候群」現象不只是日本特有，世界各地的女性亦深受其苦。

職業地位越高，退休後較易出現適應不良

工作可以帶來成就感與歸屬感，也能夠獲得他人的認同、展現自我價值。但退休之後，這些都沒了，頓時便會感到失望、沮喪、自己無足輕重。

臺北榮民總醫院精神部老年精神科主任蔡佳芬指出，特別是擁有高社經地位、工作成就較高的人，退休後更易適應不良。「他們大多有完美主義特質，也過慣了以自己為中心的日子，退休後較容易出現適應障礙。」

邱弘毅亦有相同看法：特別是許多事業成功、職場位階高，或從事具權威性職業的人，例如企業家、醫師、總經理、教授、律師、法官等，更難轉換退休後的心境，更不容易面對身分上的變化。這樣的現象在亞洲父系社會中尤其

明顯，**「從職場退下之後，原來的舞台都已經不見，也沒有人可以管理、使喚了，會感覺自己不再被社會所重視，個人也不再具有價值。這時就需要在心理上做些適當的調適，否則容易落入封閉在家、足不出戶的地步。」**

此外，這一族群的人，在人際相處上，亦較會碰到困難。

「過去在工作上，為了便於管理，會刻意在自己和部屬之間築起一道高牆，或是刻意保持一點距離。」邱弘毅補充，他們已經習慣職場上對下、由自己發號施令的人際相處模式，如果又沒有建立工作以外的人際網絡，他們退休後與人的互動狀況，通常會比較差，容易產生許多負面情緒。更棘手的是，若家人或外界想給予協助時，往往也會遭到他們的拒絕。

退休原因也會造成差異，非自願退休者衝擊較大

此外，還有一些證據表明，如果是非自願退休，那麼退休對健康所造成的不利影響，可能會更大。

2015年刊登在《老齡化與心理健康》（Aging and Mental Health）科學期刊上的一篇文獻提到（參照2），**因健康狀況不佳、被裁員，或因必須照顧家人而被迫退休的族群，和一般退休者相比，心理困擾的程度較高。**

邱弘毅說明，提前且有計劃性的退休者，以及屆齡退休且已做好日後生活規劃者，通常適應得比較好。但是因生病、意外等不在預期而被迫非自願性提前退休者，往往在財務和心理上都沒有做好準備，甚至身上還揹負著家庭責任，他們面臨的將會是更大的衝擊。退休後，無論是生理、生理的健康，惡化的速度都會比較快。

自在享受退休生活，如何調適與經營？

要為退休生活找到最佳調適方法，蔡佳芬認為，**首先要思考自己是一個什麼樣的人、適合或想要過什麼樣的退休生活；再來要盤點自己所擁有的資源，然後以多元化的角度做預備。**

「要知道自己可能可以有哪些不同的選擇，試了A方案後，如果覺得不是很滿意，還可以轉換為B方案，直到調整成感到最舒服、自在的狀態為止。」

此外，「重塑自我價值」至關重要。她說，許多能順利適應退休生活的人，關鍵在於能把上半生獲取的經驗與所學，加以轉化、昇華，例如二度就業或擔任相關領域的志工，既不需承擔過多工作壓力，又能締造新價值，也能得到成就感。**而不論是二度就業或擔任志工，都有助於在退休後建立新的社交圈。**若以家庭層面來說，「能轉換成一個給愛的角色，像是擔任子女在生活上的救火隊，幫忙接送或陪伴孫輩，讓家庭因自己的貢獻而變得更和諧，也是非常有價值的。」

邱弘毅則建議，無論是哪一個退休族群，或過去在職場上的表現有多麼優秀，**每個人都必須正視退休後需要改變生活的節奏、重新建立自己在社會上的角色與定位的事實**。「別再緬懷過去職場上那些一去不返的風光歲月，要往前看，迎接嶄新的生活。」他也提醒目前還在職場上的工作者，千萬別讓生活裡只剩下工作，而忽略了夫妻、親子及友誼關係的維繫與互動。

參考資料

1. Bertoni, M., & Brunello, G. (2017). Pappa Ante Portas: The effect of the husband's retirement on the wife's mental health in Japan. Social Science & Medicine, 175, 135-142.
2. Vo, K., Forder, P. M., Tavener, M., Rodgers, B., Banks, E., Bauman, A., & Byles, J. E. (2015). Retirement, age, gender and mental health: findings from the 45 and Up Study. Aging & mental health, 19(7), 647-657.

3/4

退休六期程——協助退休者度過情緒風暴

諮詢／賴德仁（中山醫學大學附設醫院身心科醫師）
杜家興（衛生福利部嘉南療養院臨床心理師）
文／黃素娟

退休並不是突然發生的考驗、而是多數人必然面臨的階段。認識與了解退休必經六期程，給予適當的情緒支持，陪伴退休者順利度過退休的情緒風暴期。

60歲從國營事業經理人退休的志宏，原本計畫退休後要環遊世界，並設立自己的Youtube頻道，成為專職的旅遊達人。沒想到退休第二年，退化性關節炎發作，不時作痛的膝蓋讓他無法遠行。退休前，志宏的交際應酬不斷，老婆總抱怨他整天往外跑。現在的志宏，閒得發慌，與工作時的朋友不再有交集，老婆又整日和閨密逛街追劇，想找孩子聊聊天，兒女們又為家庭事業忙得不可開交。志宏突然不知人生所為為何，終日看著手機裡的短片。退休一年後，老婆發現志宏怎麼都不肯出門，也不說話，驚覺他可能生病了……。

勞累工作了幾十年，許多人對退休生活充滿無限想像，殊不知退休是人生重要轉捩點，面臨的是另一階段的考驗。

「角色理論」（Role Theory）提到，個體會運用多重角色來定義自己，高度結構化的工作角色與個體的心理狀態是緊緊相連的，**個體會因工作規範、同儕影響，以及從工作所獲得的利益，而發展出角色的行爲模式**。一旦退休，意味著在心理上降低對工作的承諾，以及在行為上從工作中撤退（參照1），幾十年來伴隨工作而產生的固定行程、人際關係、社會地位、工作成就，以及抱負等，也隨之消逝。

退休，是樂活人生或憂鬱風暴的開端？

一篇2020年發表於美國國家醫學圖書館線上資料庫的研究指出，29%的退休者會出現憂鬱症狀（參照2）。換言之，**三個或四個退休者中，就有一個罹患憂鬱症**。而一旦發生這種狀況，同住的家人或陪伴者，也無可避免地被捲入情緒的風暴當中。究竟是哪些因素會導致退休者產生負面情緒，甚至罹患憂鬱症呢？

中山醫學大學身心科醫師賴德仁及衛生福利部嘉南療養院臨床心理師杜家興，根據臨床經驗指出，會引發退休者產生憂鬱情緒的因素有以下幾項：

一、人際網絡縮小：哈佛大學一項長達八十五年的研究發現，退休者生活中的最大挑戰，並不是時間太多或失去生活目標，而是懷念工作中認識的人和社交生活。杜家興提到，**退休者最深的感受是退休以後「沒人找」**，因工作而產生連結的人際關係，在退休後瞬間消失。賴德仁認為，沒有了在工作時的共同目標，退休年長者要建立新的人際網路並不容易。

二、自我認同失落：退休後，不再具備任何工作職銜，也沒了工作角色，無法繼續滋養個體的自我認同感，有些退休者因此覺得自己一無是處。「尤其是成功的男性高階工作者，」賴德仁說。有些男性職場勝利組，年輕時將所有時間、精力貢獻給工作，獲得極大的滿足；退休之後，驚覺自己已不再是強者，也不再是別人稱羨的對象，較容易發生自我認同失落的危機。杜家興提醒，**剛退休的前三個月，退休者通常會感到自由快樂，但慢慢的會因為失去工作角色而感到失落。**

三、身體健康退化：年紀漸長，身體機能會退化，罹患疾病的風險會提高，若有因疾病帶來的疼痛感，以及對死亡的焦慮，容易引起退休年長者的不安和憂鬱。此外，退休者也因為面臨更年期，荷爾蒙下降，更容易出現情緒波動情況。

四、收入減少：退休後無固定的工作收入，退休前若未做好財務規劃，或者是被動退休，沒來得及做規劃，退休後很容易感到焦慮不安。賴德仁認為，收入減少對男性退休者的影響較大，「自己不再是賺錢者的角色，有時會造成男性尊嚴的殞落，引發憂鬱情緒。」

陪伴他度過退休六期程

專精於社會老年學（Social Gerontology）的美國學者羅伯特（Robert Atchley），將退休時期分為以下六個期程（參照3），陪伴者可依據不同的期程，提供退休者適當的協助。

一、退休覺察期（Pre-retirement）

如果是計畫中的退休，通常在退休前一年就會感受到即將離開職場的氛圍，對工作可能有點倦怠，但也眷戀，對未來感到忐忑不安，卻也有著期待。

賴德仁建議，在這個時期，陪伴者可針對「五老」：老友、老身、老本、老居及老心，和即將退休者對話，一起檢核目前的朋友圈、身體健康狀況、退休財務規劃、老後的居所，以及如何保持退休後的心理健康等做深入討論。

二、退休活動期（Retirement event）

正式退休的日子來臨，通常同仁會為退休者舉辦退休慶祝活動，一方面彰顯其對工作的貢獻，另一方面也標示著工作階段的結束。此時退休者會有被重視的感覺，但同時也可能會有依依不捨的感懷。陪伴者此時可以扮演傾聽者的角色，分享他參與這些活動的過程與感受。

三、退休蜜月期（Honeymoon）

剛退休的時候，退休者每日興奮地規畫如何完成自己未完成的夢想，感受到許久未有的愜意、自由的感覺。這段蜜月期通常會持續數個月或一年。陪伴者可和退休者一起輕鬆享受這段美好時光。

四、退休覺醒期（Disenchantment）

英國經濟事務研究所２０１３年的研究指出，退休者的健康及精神狀況，在退休後短期內會因工作壓力的解除而提升。但是，中長期後，罹患憂鬱症的風險卻增加四成，身體出狀況的風險也增加六成。

蜜月期後，部分退休者開始覺得退休生活和原本預期中的並不吻合，主要是生活沒有重心與目標，身體又日漸衰弱。

賴德仁建議，**陪伴者應多觀察退休者的行為舉止有無變化**，例如：「原本愛講話者變得沉默寡言，常面無表情」、「臥床不想出門、食慾降低、言語中帶著悲觀看法」、「作息日夜顛倒、失眠、記憶力退化」，或是「情緒波動大、和家人關係緊張」等症狀。若是出現這些徵兆，杜家興提醒陪伴者，可以多傾聽退休者的想法，鼓勵他多說一些內心的感受，並且要同理他，不要急於批判或否定他的感受。

賴德仁也強調，千萬不要跟有憂鬱傾向的退休者說：「你想開一點就好。」更不要落井下石：「跟你說老人就是要多運動，你就是懶得動。」尤其是年長男性，「外強中乾，內心十分脆弱」。既不要用激將法，也不要詆毀他。**可先同理他的感受，再適時表達對退休者努力工作這麼多年的感謝。對他的任何小優點**

都給予讚美，讓他覺得自己的存在是有價值的。另外，多陪伴他出門參加社交活動，這對降低退休者的焦慮有相當大的助益。不過，若發現退休者情緒低落的狀況持續兩週以上仍未改善，可以考慮請身心科醫師評估。

五、退休重整期（Reorientation）

順利度過覺醒期的情緒風暴後，退休者通常會自問，「我該如何度過接下來的人生？」

有些退休者本身有第二專長，或是其他興趣，則可以選擇重新投入。若是沒有，請試著和他談論「第二人生」的概念，並帶著退休者一起參加活動，尋找興趣，並擴展人際關係。杜家興建議陪伴者，可提問：「這輩子最希望別人記住你什麼？」協助退休者重新思考自己未來生活方向。

六、退休穩定期（Retirement routine）

退休者此時已建立一套自己滿意的規律生活模式，可以持續數年或數十年。雖說是規律，但難免也會出現一些挑戰，例如：意外、生病、遇上投資詐騙，或是配偶、好友離世等狀況，陪伴者可觀察退休者的需求，適時給予協助。

傾聽陪伴是協助有負面情緒退休者的良方

陪伴者長時間面對退休者的負面情緒，可能會感到煩躁不耐，只希望可以速戰速決、把問題解決，然後盡快抽離惱人的情緒漩渦。**但對退休者而言，他期待的是心情能夠被同理、接納，而非只是把問題解決掉。**

面對雙方的差異，賴德仁提醒，遇到情緒風暴時，陪伴者要試著先冷靜，不要立即反應，多了解及同理對方的感受。杜家興認為，**「傾聽」是協助退休者面對情緒問題的良方**，可運用提問來引導退休者主動表達，「睡得好嗎？」「最近有什麼活動嗎？」要試著從對方的抱怨中釐清他的需求。例如，退休者抱怨運動時膝蓋會痛，可詢問是否做了醫療處置，然後讚美他「就算膝蓋痛，你還是願意出門運動，真的很不容易。你是怎麼做到的呢？」盡量給予正向的鼓勵與回饋。

在了解退休者的需求後，陪伴者可視自己的能力，**陪著退休者參與適合的活動，協助退休者克服心理障礙，重拾興趣與社交生活。**

杜家興也提醒陪伴者，有必要可尋求親友及社會資源的協助，例如，家人分配陪伴的時間、參與地方社團課程等。如有長照需求，也可利用長照據點資源，或是申請長照人員到府協助等。陪伴者改變既有的互動模式，不僅自己能獲得喘息空間，降低自己的情緒壓力，更可活化退休者的大腦功能，有助於退休者練習面對不同情境，學習新的思考方式與溝通技巧。

「預防於未然。」賴德仁提醒即將退休者和陪伴者，退休並不是一朝一夕的事，可從40至50歲就開始準備。凡事超前部署，自然可減少退休後的問題，安穩度過退休風暴期。

參考資料

1. Transition from work to retirement: theoretical models and factors of adaptation. Lucia Záhorcová Martin eková, aneta krobáková. 2019. ResearchGate.
2. Prevalence of depression in retirees: a meta-analysis. Pabón-Carrasco M, Ramirez-Baena L, López Sánchez R, Rodríguez-Gallego I, Suleiman-Martos N, Gómez-Urquiza JL. Healthcare. 2020 PubMed.
3. The Six Stages of Retirement. https://avail.app/public/articles/ByLYc1dU

4

退休生活的探索

退休不只是一個「事件」，
而是一個「過程」，
強化自己的退休復原力，
重建退休生活秩序，拿回主控權。

4／1

你準備好退休了嗎？

認識退休的四大迷思，並做好財務、健康、社交和成就感各方面的準備，讓退休生活愜意又自在。

文／黃嘉慈

每個人都因為自己的獨特生命歷程與工作經驗，而發展出對於「退休生活」的個別需求與想像。

有些人期待在退休後能與伴侶住在海邊，享受沙灘漫步的平和；有些人期待與三五同好攀岩、健走，感受生命的活力；有些人則喜歡獨自縮在溫暖被窩裡，悠閒地閱讀；也有人特別享受子孫環繞，與家人同樂的溫馨時刻。

這些對於退休生活的想像，除了可以讓人們對於眼前的枯燥工作日常多一份容忍之外，也讓人對於未來存在一些盼望，並作為下一個生命階段的藍圖。

然而，在這些想像之中，也包含了許多關於退休的「迷思」，可能影響到我們面對退休的態度，進而影響規劃與後續的實踐。我們可以透過對於這些迷思的討論，來了解自己是如何思考「退休」這個無法規避的人生重大改變，以及可以採取什麼樣的行動來達成自己想要的退休生活。

常見的退休迷思

迷思一：必須等到法定年齡才能退休

過去，許多工作者將法定退休年齡視為自己職業生涯的終點，也以此來作為規劃退休生活的里程碑，因此，在年輕時談到「退休」，總覺得是一個遙遠的計畫；而之後為了因應人生階段的種種變化，如轉職、結婚、生子、照顧年邁雙親等壓力，常常一晃眼才驚覺「退休」已迫在眉睫而感到措手不及，也因此可能錯失了開啟人生另一個黃金時期的良好時機。

研究顯示，並非每個人都能如計畫，工作至法定退休年齡，根據美國員工福利研究所《2018年退休信心調查》中針對工作者與退休者所進行的研究發現，退休者實際的退休年齡比工作者所預計的退休年齡來的早。再者，許多人也可能因為一些突發因素，如健康問題、公司倒閉或家庭因素（例如必須照顧家中生病的長輩）等，而被迫提早離開職場。該調查也發現，68%的工作者認為退休後仍可透過工作獲得收入；然而，事實是僅有26%的退休者能從工作中獲得收入（參照1）。這個調查結果提醒我們，應盡早思考退休生活，無論是在「財務」或是「心理」方面進行準備。

迷思二：社會保障足以因應退休生活

多數人以為，退休後，自己的花費會減少，依靠養老金或社會安全保障，應能負擔退休後的生活支出。殊不知退休後的生活花費，因人而異，例如：是否經常有旅遊計畫？房屋貸款是否付清？是否有健保或其他醫療保險未能涵蓋的醫療支出等？（參照2）

此外，根據世界衛生組織報告，全球平均壽命從2000年的66.8歲至2019年的73.4歲，增加了6歲多（參照3）。而內政部在2021年也公布國人的平均壽命為81.3歲（參照4）。若以一般65歲為退休年齡來計算，在考慮退休後的財務支出時，必須能夠涵蓋更長的退休時間。

迷思三：退休意謂著人生失去目標

工作能帶來自我價值感與成就感，工作中的人際關係也能滿足我們的社交需求。許多人在「退休」後，因為失去社會地位與人生目標，因而對自我價值產生懷疑；又因為遠離社交圈而感到孤單、鬱鬱寡歡（參照5）。因此，許多人對於「退休」產生恐懼，擔心自己一旦退休，就會成為社會的邊緣人。這樣的擔心與害怕，讓有些人一味地逃避退休，無法靜下心來思考、規畫自己理想中的退休生活。

迷思四：退休生活無憂無慮、多姿多采

與上述相反，有些人對於退休生活充滿憧憬，相信自己能充分利用退休後的自由時間，將生活過得前所未有的自在充實。

然而，根據美國勞工統計局2021年的調查數據（American Time Use Survey）顯示：觀看電視是65歲及以上的退休者每天從事最長時間的休閒活動，平均時間為四點六個小時；他們花在與朋友、鄰居社交的時間每天約三十分鐘；從事志工或其他公民、宗教活動的時間則少於三十分鐘。

另外，我們以為退休者許多時間會用在對身心有益的運動上，事實卻不然。65歲及以上的退休者，每天平均只花十七分鐘運動（參照6）。此外，退休生活也並非沒有挑戰或責任，像是許多人仍有財務壓力、健康問題、家庭狀況等需要處理。

你準備好退休了嗎？

下列是一些有關退休的問題，請你依據自己的狀況作答。答案沒有對錯，重點是希望藉由這些問題來評估自己的退休準備狀況：

一、對於退休，你的想法是？

①人生的一段經歷，欣然接受它的到來，並有計畫地達成理想的退休生活。
②人生的一段經歷，會學習接受，並適應它所帶來的改變。
③不喜歡，但也不逃避。
④很害怕，擔心自己無法克服退休帶來的挑戰。

二、你是否已有退休計畫？

①是的，我已經設定退休時間點，並已有退休計畫。
②是的，我開始思考何時退休，但仍需要更多的資訊和準備。
③不完全，我知道總有一天要退休，但還沒開始細想。
④否，我完全沒考慮到退休。

三、你的財務狀況？

①我有足夠的退休金、儲蓄或其他資產，能滿足我想要的生活水平。

②我有一些退休金、儲蓄或其他資產，但還需要更多的準備。
③我的退休金、儲蓄或其他資產仍然不足。
④我沒有退休金、儲蓄或其他資產。

四、對於退休後的身心健康，你的計畫是？

①已經開始健康維護計畫，如定期健康檢查、健康飲食、規律運動，並適時紓解壓力。
②尚未開始健康維護計畫，但準備著手進行，建立良好的習慣。
③順其自然，健康狀況由天注定。
④有些不良習慣與嗜好，如酗酒、抽菸、藥物濫用等。

五、對於退休後的時間安排，你是否已有計畫？

①是的，我清楚知道如何安排我的時間並有確切的計畫。
②是的，我知道自己想要做什麼，但仍需進一步安排時間和計畫。
③不完全，我有一些想法，但還需要時間探索。
④否，我還沒考慮退休後時間的安排。

六、對於退休後的社交生活與人際關係，你的打算是？

①我清楚知道自己在退休後想要什麼樣的社交生活，也有計畫來維持社交

圈或拓展新的人際關係；對於人際關係上的可能改變，也有心理準備。

②我大概知道自己在退休後想要什麼樣的社交生活，雖然尚未有具體的計畫，但我一直都在留意相關訊息。

③我知道自己希望與他人保持社交上的互動，不過我的態度比較順其自然。

④我對於退休後的人際關係沒有特別的想法。

退休生活的建議

上述問題中，如果你的答案是偏向①與②，顯示你已經了解「退休」這個議題的重要性，並開始思考或計畫退休生活。

然而，若你的答案是③與④居多，可參考以下建議，做為你在思考退休計畫時的參考：（參照7）

一、**財務規劃：**財務規劃是退休準備中極重要的一環，需要提前規劃和安排才可確保在退休後生活無虞。可參照以下步驟準備：**1.了解需求、訂定儲蓄目標：**以個人生活方式、想過什麼樣的退休生活來條列生活開支，訂定目標；在此，必須將「通貨膨脹」的因素考慮在內。**2.確認退休金收入：**這個部分包括了個人資產、企業退休金與政府退休年金；在過去許多人認為退休後仰賴政府最有保障，然而現今全球的經濟存在許多不確定性、各項年金也持續改革，這使得個人的資產準備重要性倍增。因此，如何累積退休儲蓄、找到適合自己的投資策略極為重要。**3. 醫療準備金**：退休期間的醫療支出可能會增加，可以選擇醫療保險或是預留備用金以備不時之需。**4. 持續監控和調整財務計劃**：計劃並非一成不變，隨著社會情勢或個人需求的變化應適時做調整。必要時可請教專業理財顧問。

二、社交支持：**現在就要開始花更多的時間與家人、朋友相聚，維繫既有的關係**。另外，可同時透過社區活動、志願服務，或是發展個人興趣來結交新朋友，拓展自己既有的社交圈。

三、成就感：有些人即使已達法定退休年齡，對於工作，不僅仍保有熱情，也仍有工作能力，**不妨提早規劃延遲退休，繼續舊有工作；或逐步進行工作的轉型**。當然，也可以培養新的興趣，或開創新的事業，將時間與精力投入其中，從中找到滿足感。

四、維持健康：不要想退休後不需打卡上班，就過著日夜顛倒的生活。要知道，**退休後維持規律作息、保持充足睡眠是非常重要的**。此外，花些時間在自我照顧上，如為自己準備健康的餐點、從事喜歡的運動和休閒、與伴侶或親友維持良好關係等，都有助於讓自己的退休生活更自在愜意。

參考資料

1. Slide 1 (ebri.org)
2. Retirement Myths and Realities – Allen Associates
3. https://www.who.int/data/gho/data/themes/mortality-and-global-health-estimates/ghe-life-expectancy-and-healthy-life-expectancy
4. https://www.moi.gov.tw/News_Content.aspx?n=4&s=235543
5. 5 Big Retirement Myths (and Why They're Untrue) | Next Avenue
6. https://www.bls.gov/tus/
7. 120 Big Ideas for What to Do in Retirement (newretirement.com)

4/2

拿回退休生活的自主權

諮詢／林以正（前臺灣大學心理系教授、現任齊行國際顧問公司資深副總）
蔡佳芬（臺北榮民總醫院精神部老年精神科主任）
文／鄭碧君

退休後，進入一個「必須自主決定生活秩序」的主動結構。退休者應重新學習建構自我的生活秩序，有意識地將主控權拿回來。

李先生和李太太兩人屆齡退休已一年，原以為退休後的生活會是輕鬆愜意，沒想到竟是一連串的摩擦！李太太喜歡戶外活動，也積極參與各種團體；李先生卻只想待在家，每當太太邀約他外出時，他都拒絕，甚至說：「有年紀的人了，還到處跑來跑去。」太太也不甘示弱：「誰像你那麼無聊……。」一來一往地，每次總以不愉快收場。

一份關於退休與個人生活滿意度的研究發現（參照1），**導致退休者生活滿意度下降的原因之一，是社交互動的減少。**

究竟退出職場後，少了因工作而產生的社會連結，會有哪些影響？哪些人較容易產生負面情緒？該如何學習覺察與做出改變？

角色轉換不當、拒絕參與，影響家庭與社交關係

年輕時，大部分的時間和注意力都放在養家糊口或事業上。退休後，許多夫妻相處時間變多了，可能會發現，對於「兩人會有更多時間在一起」這件事，還沒有準備好；甚而因為對退休後的生活有著不同的期待與安排，衍生出家庭衝突。

臺北榮民總醫院精神部老年精神科主任蔡佳芬認為，**退休者「未能成功轉換角色」，經常是導致摩擦的主因**。

比方說，原本朝九晚五上、下班的丈夫，突然間變成二十四小時守在家裡，關注妻子或子女的一舉一動，管東管西外加碎唸；或是過去因兩人有養家餬口、教養子女的共同目標，對方的缺點或兩人互動的問題，容易被沖淡，但退休後，時間一多，全部看得一清二楚，因而發生越看越不對眼的情形。

退休，一方面不再像過去一樣和同事、客戶等熟人有密集接觸，另一方面，和家人、朋友、鄰居相處的時間卻增加了，正是加強或建立全新社會關係

的好機會。然而，蔡佳芬指出，**許多退休族群卻是「不參與、停止活動」**，這是**適應不良最大的問題**。

前臺灣大學心理系教授林以正補充，人際關係對心理健康至為重要，「哈佛大學一項長達數十年的研究發現，積極的人際關係會讓人們更幸福、更健康。」一般而言，**三種人退休後最不快樂，一是經濟拮据者，二是活在過去、放不下頭銜和資歷的成功人士，三是與家人關係不好的人**。因此，林以正提醒退休者，**雖不一定要交遊滿天下，但務必要「好好經營自己真正重視的每一個關係」**。

改變互動方式，使家庭與人際關係更緊密

蔡佳芬表示，退休後希望和配偶、家人，以及他人建立和諧關係，可把握兩原則：

一、相伴不相處：無論和另一半、子女或孫輩，都是互相陪伴的關係，**不要執著將自己的觀念帶入彼此的相處之中**；要是處不來也無須勉強，可減少相處的時間。

二、相愛不相厭：人既有的性格特質不會改變，**要捨棄「對方個性會改變」的期待，盡可能找出對方可愛的部分，再加以放大，並把自己不欣賞或討厭的部分，盡量縮小。**另外，也要反求諸己，自我要求成為一個讓人樂意親近相處、可愛的退休者。

林以正則說，**與人順暢互動的關鍵，在於「不要老把自己當作主角」。想發展良好的人際關係，應滿足對方「被看見、被理解、被尊重」三個基本要件；**也就是把注意力放在對方身上，認真的去傾聽、了解、給予適當回應，而不是對方話還沒講完，就急著提供解決方法，甚至下指導棋。「簡單來講，就是閉嘴好好聽人說話啦！少教訓、少抱怨，這樣人家就會來愛你，所有衝突也會消失。」

期望與現實之間是否有落差，是快樂與否的關鍵

許多人總以為，退休後的老年生活，只要準備一筆退休金，又有子女孫兒等家庭成員環繞，理應過得自在開心。可是，為何還是有不少人退休後感到孤單、寂寞、不快樂？

林以正說，**退休後快樂與否，並非來自實際上擁有多少，而是心中期望和現實狀況之間，是否產生了落差**，包括：

一、**過去「曾擁有」，如今卻不再有。**例如：以前明明有很多人來奉承我，看到我都會打招呼、邀約吃飯、請教意見，現在怎麼通通沒有了呢？

二、**覺得「應該有」，但實際上沒有。**例如：我為小孩、家庭付出這麼多，他們為什麼沒有感謝我？

三、**「想要有」，但現實卻沒有。**即所謂「社會比較」，譬如從社群媒體上看到親朋好友或過去的同事吃喝玩樂、悠閒度假的照片，感覺大家退休後都過著光鮮亮麗的日子，但自己卻非如此。

要積極面對心中的失落

面對這樣的焦慮和不安，林以正建議，當發現自己已心生不滿、有失落感時，可以找一個願意傾聽的人訴說；或是回過頭來反問自己，為何會有這種想法，學習「覺察」，思考為什麼會產生落差，是否因為太過緬懷過往，或僅出自想像？這些想像又是否合理？還有，那些讓自己心生羨慕的事物，「是否真的是自己需要的？目前自己所擁有的，還不夠嗎？」

此外，為了覺察內心真實的想法和需求，撰寫日記，或想到什麼就寫什麼的「自由書寫」，也很有幫助。

不過，如果要覺察自己在人際關係、家庭關係上的變化，並嘗試做出調整，林以正認為，「心理位移書寫」會更適合。「寫日記，通常是用自己的角度來宣洩不愉快，未必能覺察問題癥結。」**而心理位移書寫法，是讓人針對同一個事件，依序以「我」、「你」、「他」三種角色分別敘述該事件並寫下來，最後再回到「我」的角色來書寫「我」的想法和感受。**退休者藉由不同角色對同一事件的描述，將心理距離拉開，有助從不一樣的觀點和角度來看事情，或觀看自己，有助於緩和負面情緒，找出比較好的做法。

增加人際互動，別想太多，先行動

經常有人說「年齡越長，朋友本來就會越來越少」，真的是這樣嗎？退休後拓展新的人際友誼關係真的比較困難嗎？

林以正指出，因工作緣故，人們經常習於處理以「階級高低」構成的縱向關係，對於學習、發展平等橫向關係的能力，顯然較為不足。但是，**「要經營人際關係並非沒有機會，應想一想到底是什麼把自己綑綁住了。」**

他以自己親身經歷說明。他曾經每天早上去學習排舞，維持了一年多，每次跳完後不但滿身大汗，達到運動目的，也享受到舞蹈樂趣。因為他的年紀較其他成員年輕，且是團體中唯一的男性，時常受到大家照顧。

「像這樣走出去參加，其實是很簡單的事，但為什麼男生肯這麼做的人這麼少？」

「沒興趣」可能會是許多人的理由。林以正卻認為，不必等有興趣或找到熱情才去做，**「先嘗試，再從中感受是否有讓自己願意繼續從事的理由。好好去做，才能愛上它！」**他鼓勵**退休的人應敞開心胸，擺脫「我不會」、「我不行」、「我老了」等刻板印象，才有發展新關係、學習新知識或技能、培養新興趣的可能性。**

蔡佳芬也觀察到，很多人退休後都說不知道要做什麼，主要是因為過去欠缺興趣的培養。不過，培養興趣是需要長時間投入的。**建議從「探索」開始，先試著參與看看，若實在沒有想要持續嘗試的意願，就要再換下一個。**

至於不肯踏出家門的退休族群，陪伴者可以如何幫助他重新與社會連結？她表示，首先**要不厭其煩、有耐心，儘管可能會被拒絕，仍要一而再、再而三的重複邀請他出門，而且最好是以各種不同面向的活動來探詢**。等到建立了第一個人際網絡後，再擴大到第二、第三個，例如從家庭聚餐，擴增到外部的長青據點；或是參加興趣團體、信仰團體、志工團體等。

拿回主控權、保有彈性，重建退休生活秩序

離開職場後，生活節奏丕變，原以為可以享清福，誰知卻感到空虛、失落，找不到自我價值。

林以正解釋，多數人的一生，有很長一段時間都活在被動的結構裡，亦即通常都由別人告訴自己應該好好讀書、找一份好工作……。一旦退休了，忽然進入一個「必須自主決定生活秩序」的主動結構，反而不知道該如何安排自己的後半生了，只好睡到自然醒，或坐在沙發上不停按遙控器、滑手機來打發時間。他建議退休者應重新學習建構自我的生活秩序，有意識地將主控權拿回來，**「要刻意的去覺察、過生活、思考自己到底要過什麼樣的日子，以及要採取什麼樣的策略才能達到目標。」**

不過，他也提醒，**上了年紀後，難免會有很多不可預測的狀況，因此規劃目標時，應設定一個適度的時間**，例如：二或三年的時間幅度，可能會比五年、十年來得恰當；同時也要依符合當前體力、條件與狀態的方式，建立新的生活秩序，才能避免不切實際。

更重要的是，應擺脫自己與人們對退休或老年人的成見，不要被「我已是老年人」、「退休不用再做事」等標籤綑綁。

「生理的狀態不必然反應心理的狀態。即使生理老化，健康逐漸衰退，仍然可以用某種方式貢獻自己過去累積的智慧結晶，或是再創造自己新的價值。」林以正表示，唯有跳脫學歷、性別、過往職場頭銜等各種刻板印象，保持心理的彈性，方能構築一個自由度較高的退休生活。

參考資料

1. Wang, M. (2007). Profiling retirees in the retirement transition and adjustment process: examining the longitudinal change patterns of retirees' psychological well-being. Journal of applied psychology, 92(2), 455.

4／3

培養自己的退休復原力

文／黃嘉慈

退休過程會經歷許多預知或意外的變化，影響身、心健康。強化自己的退休復原力，重拾生活的熱情。

我們已經知道，「退休」不單單是一個「事件」，而是一個「過程」，無論我們的態度是抗拒、消極地接受，或是積極面對，它都是生命中一段重要的經歷，包含著許多未知數。

根據美國為老年人提供身心健康促進及財務諮詢服務的公司Age Wave和Edward Jones在2023年初合作進行的老化人口調查發現，69%的男性、81%的女性，在退休後都經歷過某些意外事件（參照1）；。另一項於2021年發表在《老年學（The Journals of Gerontology）》期刊的研究，對50歲以上、共八千六百四十六名參與者，進行記憶評估研究，結果發現，參與者的記憶能力在退休後急速下降（參照2）。2020年發表在《健康照顧（Healthcare）》期刊，探討退休者憂鬱症患病率的研究則指出，退休者罹患憂鬱症的比率是28%（參照3）。這些研究結果都說明了，退休後的生活不全然是平靜無憂，退休者可能要面臨許多意外的變化，心理健康也會接受莫大的挑戰。

喬治的困惑

現年67歲的喬治談到，他在52歲時，因為發現腫瘤，經歷兩次手術後，被迫離開職場。退休之後，他感到自己對於生命的熱情逐漸消逝，體力也日益衰退，常感覺無聊、焦慮和困頓。他之前未曾從其他的退休友人身上聽過退休可能面臨的困境，因此對自己的情緒變化一直感到不解。然而，等他與友人分享自己的感受之後，友人才坦承自己也有過類似的困難情緒。因此，喬治決定反轉退休，成立一家輔導公司來幫助人們在退休後仍能過著充實的生活（參照4）。

緹娜的退休夢

退休教師緹娜，與結婚三十年的丈夫，在退休後搬到一個新的村莊，開始新生活，並且準備要一起去探索未知的世界。然而，對退休生活的美好憧憬，卻因為父母和丈夫的相繼過世而變得支離破碎。她覺得自己的人生已經「跌到谷底」，感覺也變得麻木。她發現，一個人過日子十分困難。幸運的是，小村莊裡的人在這個時候給了她愛與支持。她試著跨出家門，擔任志工、為癌症基金會募款，也參與學校家長會、耶誕節活動。有一次，她報名了海外健行募款活動，透過這個活動，她開始露營、爬山，結交了許多新朋友，大家一起分享人生故事。這些過程讓她重新找到生命的意義與目的（參照5）。

復原力有助於退休適應

如同喬治和緹娜，許多人因為不同的原因，在退休後處在一種不知所措、失去目標的茫然感中。然而，有人在一段調整、適應後，重新找到人生目標，享受生活；不過也有人從此一蹶不振、鬱鬱寡歡。

來自明尼蘇達州的婚姻與家庭治療師 Tamara Statz 在《世代（Generations）》期刊的文章中表示，**退休，可以帶來新的機遇和挑戰，包括學習新的技能、在生活中找到新的意義與自我價值，以及重建與親友和社區的關係。**她特別指出**個人的「復原力（Resilience）」在其中扮演的關鍵角色**（參照6）。一項研究老年逆境與復原力的英國研究也證實，**有較強復原力的老人，在面對退休的決策、時機和過程中，具有更好的掌控力**（參照7）。

所謂的「復原力」，包含了「內在因素」，如：正向的態度、有效的因應技巧，以及健康的思維；以及「外在因素」，如：投身嗜好、透過支持系統保持人際關係，以及善用資源。

如何培養自己的退休復原力

復原力是與生俱來的能力。所謂「復原力」是人們在面對逆境時，將挫折的經驗轉化為養分，使人能更堅強的心理韌性。**復原力並非是一成不變的，會受到成長經驗的影響，且可以藉由訓練來加以提升。**

針對「退休」的挑戰，可參照以下幾項建議，協助正在準備，或是已經退休者，培養退休復原力（參照8、9）：

一、**保持和改善健康：**即使不需要再趕著每日上班打卡，或必須按時限完成工作，維持一個規律的生活習慣對於退休者來說，仍然非常重要。

二、**保持正常體重：**固定運動、健康飲食，和充足睡眠，有助於大腦活力與身心健康。

三、**培養自我覺察和調節情緒的能力：**要時時刻刻對自己的內在活動，如：情緒和觀點等保持覺察，並不是很容易。然而，學習在負面情緒出現時，先從接納開始，並觀察自己身體的反應，練習調整呼吸；甚或是試著挑戰既定的思考模式，有助於培養「自我同理」的能力。

四、**滋養社交支持網絡：**退休後要與家人、朋友保持聯繫；他們可以是豐富人生的同伴，也是當生活中遇到不可避免的挑戰時，最大的支持力量。

五、**每天給自己一個起床的理由，並安排與他人互動的機會：**可以是追求一項興趣，或是參與志願服務；也可以是一份兼職工作，或與親友一起從事的活動。許多退休者表示，參與志願服務不僅拓展了他們的生活圈，同時也在參與的過程中，找到了自我價值與新的人生目標。

如何在退休後重拾對生命的熱情

「再次崛起運動」（Second Wind Movement）網站提出五項做法，協助人們在退休後找回自己的熱情：（參照10）

一、**敞開心胸，迎接新的經驗**：當人們接觸新事物時，並不容易馬上就接受，有時候要多試幾次才能領略其中的趣味。要記得，熱情不會在一夜之間迸發，而是需要省思與行動後，才能逐漸發展出來。重點在於：**一、做好自我發現的自省工作；二、走出舒適圈，嘗試不同的選擇**；即使嘗試後選擇放棄也是好的，因為你已經對自己更加了解。

二、**拓展社交圈**：當我們認識新朋友時，就有機會接觸到新的經驗和觀點，也有可能發現原來彼此很志趣相投。不要害怕主動出擊，只要保持對人的好奇心，就有機會透過對話，建立新的連結，並從中找到熱情。

三、**保有獨處時光**：有些人害怕退休後會無所事事、感到孤單，因此迫不及待將時間表排滿，結果生活過得像趕集似的忙碌。其實，為自己安排獨處的時間，聆聽內在的需求，反而更能挖掘深藏的渴望。也可透過書寫日記、自我對話來發現自己真正的熱情所在。

四、回溯孩提時期：回想小時候曾做過什麼令自己開心的事？那些活動可能為退休後的活動提供一些有趣的線索。有時候，這些興趣可能以不同的形式出現在現有的生活當中。允許自己重溫舊夢，從過去找尋靈感，可能是開啟未來趣味生活的鑰匙。

五、從他人的經驗獲得啟發：我們可以從他人分享的經驗中得到靈感，例如：透過讀書和聽播客來吸收新鮮的觀點，並挖掘創意與熱情。這並非要一味地模仿別人，而是我們可以透過研究他人的自我發現途徑，來規劃自己獨特的旅程。

許多人對「退休」，感受是混雜著緊張和興奮的。從退休者所分享的經驗可以知道，積極地在財務、住所、社交網絡、和退休後的時間運用上做好準備，有助於我們更有自信地迎接退休。此外，訓練自己「退休復原力」的過程，讓我們得以在自省與人我關係互動中，發掘我們潛藏的特質，挑戰過往的限制，將退休後的生活過得舒心自在。

參考資料

1. https://www.edwardjones.com/sites/default/files/acquiadam/2023-06/RC-Executive-Summary-FINAL-5-25-23.pdf
2. Cross-national Differences in the Association Between Retirement and Memory Decline J Gerontol B Psychol Sci Soc Sci. 2021 Mar; 76(3): 620–631.
3. Pabón-Carrasco M, Ramirez-Baena L, López Sánchez R, Rodríguez-Gallego I, Suleiman-Martos N, Gómez-Urquiza JL. Prevalence of depression in retirees: a meta-analysis. Healthcare. 2020;8(3):321. doi: 10.3390/healthcare8030321 [PMC free article] [PubMed] [CrossRef] [Google Scholar]
4. https://www.cnbc.com/2022/06/15/67-year-old-who-unretired-at-62-shares-the-biggest-retirement-challenge-that-no-one-talks-about.html
5. https://www.legalandgeneral.com/retirement/campaigns/retirement-stories/
6. https://generations.asaging.org/resilience-through-retirement
7. Understanding adversity and resilience at older ages - PubMed (nih.gov)
8. Surviving Tough Times by Building Resilience - HelpGuide.org
9. https://www.forbes.com/sites/stevevernon/2023/06/23/what-is-retirement-resilience-and-how-can-you-build-it/?sh=3b2e4583235f
10. https://secondwindmovement.com/finding-passions/

「共享決策」模式，重建退休後關係的起點

諮詢／賴德仁（中山醫學大學附設醫院身心科醫師）
杜家興（衛生福利部嘉南療養院臨床心理師）
文／黃素娟

退休後，在家中的角色，可能從「照顧者」轉為「依賴者」。可以與家人開啟「共享決策」模式、尊重彼此的生活界線，避免退休後與家人的關係產生疏離。

在中學任教的婉菁，父母早已離異，大學一畢業，就幫媽媽負擔弟弟的教育費用。原本婉菁期待弟弟高中畢業後能半工半讀念大學，減輕她的經濟壓力。誰知道重男輕女的媽媽堅持弟弟要專心念書，以後才能繼續念碩、博士，為她爭一口氣。半年前，原本在百貨公司擔任櫃姐的媽媽，生病退休了。微薄的退休金支付醫藥費後，所剩無幾。婉菁一頭忙著教書的工作，另一頭得照顧

生病的媽媽，家裡的經濟問題也讓她煩惱。眼看著同齡的朋友、同學，在網路上曬著多采多姿的生活照片，她忍不住心想，自己的未來在哪裡呢？

根據艾瑞克森（Eric H. Erickson）的「社會心理發展八階段」理論，擔任家庭照顧者角色的父母，退休時，是從「成人中期」進入「成人晚期」；而被照顧者，也就是子女，通常處於正要開展自己家庭及拚搏事業的「成人早期」（參照1）。面對截然不同的人生發展任務，父母子女的關係會出現哪些衝擊？子女要如何適應角色的互換，重新定義自己與父母的關係呢？

父母退休帶給子女的三大衝擊

中山醫學大學身心科醫師賴德仁，及衛生福利部嘉南療養院臨床心理師杜家興，依據臨床的經驗指出，父母退休帶給子女的影響，可歸納為以下：

●財務規劃

作為家庭經濟來源的父母，一旦退休，家庭收入勢必減少，經濟上是否會產生問題，是否需要子女的支援，**通常會直接衝擊父母與子女的關係**，給子女帶來一定的壓力。

杜家興觀察到，父母財務問題對工作機會較少的地區影響尤其明顯，孝親費或是父母安養費，常讓謀生不易的子女感到困擾。他提到臨床上的案例，一生務農的父母，退休後手上積蓄不多。在工廠上班的子女，每月收入三到四萬元，負擔自己的家庭和小孩已捉襟見肘。當該個案生病住院時，子女間為了醫療看護費用產生摩擦時有所聞。賴德仁亦發現，**財產繼承的規劃也是常見的家庭衝突來源**。他分享說，有個個案在退休後沒多久就出現失智問題。因他未對財產分配做任何規劃，之後子女爭產成為家庭不和的導火線，引發子女心中的怨恨和不滿。

●溝通問題

父母退休後，可能因時間多了、感覺孤獨、身體需要人照顧等原因，希望和子女有更多的互動。只是二、三十歲的子女，此時多半正忙於自己的事業與家庭，難免達不到退休父母的期待。杜家興說明，有些年長的父母，長期以來，習慣以命令或指導的語氣與子女對話，退休後與他們相處，容易造成成年子女的不耐與厭煩。長久下來，父母覺得被漠視，甚至羞辱，講話的口氣變成責備，內容帶著情緒勒索，反而造成雙方關係更加疏離。

●角色轉換

父母退休之後、加上年紀漸增長，在家庭中的角色，從**「照顧者」轉為「依賴者」，子女需學著接受父母漸漸衰老，自己終會成為父母的照顧者。**但韓劇《我親愛的朋友們》中有句台詞：「愛，都是向下的，很難向上。」寫實地描述出父母與成年子女的關係。

賴德仁說：「**有些父母不敢勞累子女，報喜不報憂，直到精神問題很嚴重，子女才發現有問題。**」而子女雖知道自己有責任照顧父母，但基於種種原因，卻無法滿足父母的需求，心中也會產生歉疚感。像是有些子女須離開家鄉到外地工作，無法經常陪伴照顧，只能靠電話連繫，只是電話中又常常吵架，因此子女也會出現焦慮及對父母內疚的情緒。

坦然接納父母的退休事實

「老化」是人生必經之路，曾是天一樣高的父母，終有老去、退休的一日。為人子女者，若能將陪伴父母老去的過程，當成是參透人生意義的一種方式，或許能讓自己坦然接受父母老去、退休的事實，降低角色轉換的壓力。

賴德仁表示，**退休者為退休需儲備的「五老」中，「老本」和「老身」與子**

女需擔負的責任息息相關。父母晚年的生活費用和醫療費用，是子女在父母退休時，有必要與父母共同檢視退休後經濟來源、保險等問題。另外，父母的健康狀況，也關係著雙方生活的品質。**建議子女可在父母退休前，協助父母了解自己的身體健康狀況，並協助其建立規律的運動與健康的飲食習慣。**

開啟家庭「共享決策」模式

大部分退休者認為，「退休」是個人的事。但事實上，「退休」對家庭的影響甚大，特別是退休者的配偶與子女。賴德仁建議在父母退休時，家庭成員可開啟「共享決策」模式。也就是，**成年子女在父母退休前，嘗試與父母對話，就家庭經濟、家庭工作分配，以及健康醫療照護等，做深入的討論；也可請問父母期待的退休生活樣態。**在討論之中，子女可以說出自己可以提供協助的範圍，盡量縮小雙方對彼此期待的差異。

面對世代間的差異，杜家與建議，子女可試著以和朋友說話的方式和父母溝通，例如：「請問你們以前都怎麼做呢？」以尊重的態度詢問父母，從中理解父母的需求，並讓父母感覺自己的經驗值得參考。要盡量避免出現「命令式」或「責備式」的口氣。賴德仁則提醒，貶低對方的「批判式」語言不宜，「教你再多次，你還不是一樣不會。」「老頑固，跟不上時代。」這些語言，只會讓父母覺得自己的存在不再有價值。另外，杜家興還提供一個與父母**有效溝通的小訣竅—懷舊老照片。利用老照片中的人物開啟話題，分享其中的故事，或曾有的共同回憶，自然地重建彼此的情感連結。**

尊重彼此的生活界線

多數的父母以子女為生活重心，但子女在成年後，他們的人生發展任務，卻是離開父母獨立，並成立自己的家庭。當父母退休需要子女支持時，子女該如何在自我發展與照顧父母之間取得平衡呢？

美國心理治療師費莉席諾（Niro．Feliciano）認為，成年子女和父母之間劃立生活界限是絕對必要的（non-negotiable）。她認為，**「劃定界線，可以輕輕地推動父母去建立自我健康照護機制」**（參照2）。**賴德仁也提醒，成年子女勿因為「過度孝順」，剝奪父母自己動手做的機會，也不要因為擔心年老父母，大幅改變自己原來的生活型態來照顧父母**。杜家興則認為，世代差異無可避免，適度保持距離，反而可減少發生衝突的機會。另一方面，成年子女也需理解父母的生活方式和價值觀，尊重父母的選擇。若是擔心因為距離無法提供及時的協助，子女可盤點父母可運用的人際關係資源，例如老鄰居、社區支援系統，長照服務或是兄弟姊妹協商分配照顧工作。

協助父母找尋生活樂趣

父母長年專注於家庭與工作，可能早已忽略自己本身的興趣，子女可在父母有退休計畫時，和父母討論年輕時的興趣，鼓勵父母重拾夢想。

賴德仁建議子女，可由陪伴父母參加活動來跨出第一步，也可協助父母學習新科技工具以建立屬於父母的社交網路。

陪伴父母走過人生轉折點

依據艾瑞克森的發展理論，**處於65歲後「老年期」的個體，存在的問題在於「對成為我自己的過程是否滿意」**。若能順利自我統整，即可擁有智慧，以超然的態度對待生活和死亡。若是任務發展失敗，則可能充滿悔恨，對過往徒呼負負。

面對踏上人生最後轉折點的退休父母，子女如何在自己能力所及內，陪伴父母度過人生最後的發展危機呢？

「傾聽」與「陪伴」是不二良方。無論過往的故事是「榮耀」／「失敗」、「歡笑」／「淚水」，只要最親愛的子女能傾聽並接納，一切的遺憾或悔恨，或許都可釋懷。就如同子女幼小時，無論是撿到一隻毛毛蟲的快樂，或是不小心跌倒擦破皮的痛苦，父母的讚許與撫慰，總能成就心中的圓滿。

「面對現實，理性分析；接招情緒，感性陪伴。」成年子女就能安穩陪伴父母共賞人生夕陽美景。

參考資料

1. Erikson's Stages of Development : A Closer Look at the Eight Psychosocial Stages. Kendra Cherry. VeryWellmind.com, 2022.
2. When aging parents get needy: How to set boundaries and help them find their bliss. Tonya Russel. Care.com, 2022.

編輯後記 — 好玩的魔力

文／**葉雅馨**（董氏基金會心理衛生中心主任暨大家健康雜誌總編輯）

要決定這本書名的時候，我和執行編輯有點傷腦筋，發想要什麼呢？是「你至少還有15年：退休後的豁達精彩」、還是「翻轉退休：從情緒風暴到樂享自在」、或是「退休不褪色的選擇」、「退休，實在好」……。

我們一方面想避開許多人對於「老或高齡」一定會與「退休」連結的迷思，再則，要容易記憶、琅琅上口，討論過的書名就如上述……。最後，我想用個較文藝或韓劇風的書名《退休後，我會去找你》。書名中的你，泛指各種想望的人、事、物，和一種期待的心情。就這麼定了，較吸引人，好玩、趣味（台語）。

對像我這樣年齡的父母輩，或更年長的長輩們來說，工作一輩子後的退休，是多年辛勞的回報；因此退休後享清福、含飴弄孫是想望。對我這一輩的許多朋友來說，退休後，希望繼續做自己興趣的事，保持活躍與自我價值；因此對於健康、志願服務、終身學習等議題更為關注。而Z世代的年輕人，從小就開始接觸電子科技、網路；生長在數位時代的他們，更重視自由，彈性與多元性。他們可能不認為傳統的退休模式是必然，而是能更多元的經歷人生各階段，因此會想更早擁有財務自由，做自己喜歡的事業、或是到處旅行，不受限於傳統的就業年限。

不論不同的世代對於退休，有多麼不同的意義和看法，退休都是代表著展開一段新的生活，一段新的旅程，需要我們規劃、準備和好好迎接。《退休後，我會去找你》的出版，就是希望提供讀者們多元的觀點，去思考這段人生中最需要好好經營的日子。

本書除了邀請專家學者們提供對退休歷程的相關建議之外，還訪問了我們熟悉的公眾人物及一般民眾。他們分享了自己的退休經歷和心境，包括了繼續在不同場域服務、自行創業。抱持著活到老學到老的精神、他們積極上課、學著自助旅行、將運動做為生活與社交重心……。

不論是怎麼開始退休生活，他們退休後的安排與所做的選擇，我看到了「好玩」的魔力。因為他們做的都是自己覺得好玩、有意思、有興趣的事情，退休的世界就大不同了。

而我，在現在的職場工作即將要滿四十年了，不時有朋友問我，「為什麼你同一個工作可做這麼久？」、「你怎麼還不退休？」，除了工作本身的意義，「有趣好玩」就是我的驅動力吧。

雖然工作不會都是好玩的，這時候不妨轉個彎、換個想法。我曾經和年輕的同仁分享過，在很早期的時候，基金會工作人員少，大家十八般武藝都要會，有些算是基本功，像打包寄送也是工作的一部分。打包寄送過程當然是無聊的，我們就想像是在工廠的生產線工作，創辦人嚴道董事長的太太（我們稱呼她，嚴媽媽）也常加入助陣，大家一邊快速動作、一邊聊天，完成包裝貼好標籤後，合力推去郵局，郵局的工作人員就稱我們「董娘」（董氏基金會的一群娘子軍）。當時的苦差事，也在換個想法後，變成有趣，工作氛圍也變愉快了，成為工作中令人追憶的片段。

在工作中精進心理健康促進的專業，我們嘗試很多不同的工作模式與領域，從研究調查、出版業務、製拍影音、製作宣導品、教材、辦理各式的講座、工作坊、記者會、舉辦各種大型活動、例如路跑、闖關活動、甚至還有演唱會。我們也扮演不同角色，是講員、是編劇、或是創意設計者。我們被訓練要會寫新聞稿、要能上台演講、接受不同媒體關於心理健康的採訪。這也是專業工作中，一路有趣好玩的成長。

退休，更需要做些讓自己覺得好玩的事。

當你覺得好玩，心態變了，視野也將更開闊！

退休後，我會去找你

總 編 輯／葉雅馨
採訪撰文／黃素娟、黃嘉慈、黃苡安、鄭碧君
故事受訪／王培仁（料理網紅）
陳永興（《民報》創辦人）
陶傳正（奇哥公司創辦人）
葉金川（中華捐血運動協會理事長）

董氏基金會 2022 年舉辦之「熟齡怎麼 Young」徵件活動參賽者
林輝煌、楊家才、劉書容、麗香
諮詢受訪／杜家興（衛生福利部嘉南療養院臨床心理師）
林以正（前臺大心理系教授、現任齊行國際顧問公司資深副總）
邱弘毅（國家衛生研究院群體健康科學研究所所長）
蔡佳芬（臺北榮民總醫院老年精神科主任）
賴德仁（中山醫學大學附設醫院身心科醫師）
（照姓氏筆畫順序排列

執行編輯／戴怡君
校　　潤／呂素美、李碧姿
編　　輯／蔡睿縈
美術設計編排與插畫／呂德芬

合作出版／寶佳公益慈善基金會

發行人暨董事長／張博雅
執 行 長／姚思遠

法律顧問／廣福國際法律事務所

出版發行／財團法人董氏基金會《大家健康》雜誌
地　　址／台北市復興北路 57 號 12 樓之 3
服務電話／ 02-27766133 #253
傳真電話／ 02-27522455、02-27513606
大家健康雜誌網址／ healthforall.com.tw
大家健康雜誌粉絲團／ www.facebook.com/profile.php?id=100090779491111
郵政劃撥／ 07777755
戶　　名／財團法人董氏基金會
總 經 銷／聯合發行股份有限公司
電　　話／ 02-29178022 #122

出版日期／ 2023 年 10 月
定價／新臺幣 280 元

國家圖書館出版品預行編目 (CIP) 資料

退休後，我會去找你 / 葉雅馨總編輯．---
臺北市：財團法人董氏基金會《大家健康》雜誌．2023. 10
面； 公分
ISBN 978-626-96921-1-8 (平裝)
1.CST：退休 2.CST: 生活指導
544.83　　112015873